SOUVENIRS

D'UN

FANTOME

CHRONIQUES D'UN CIMETIÈRE;

Par le baron Lamothe-Langon.

> Songes, devins, sorciers, fantômes imposteurs,
> Prodiges, noirs esprits et magiques acteurs.
> LEWIS; ROMAN DU MOINE.

I.

PARIS.
PUBLIÉ PAR CHARLES LE CLERE,
RUE GIT-LE-COEUR, 10.
—
1838

SOUVENIRS

D'UN FANTOME.

IMPRIMERIE DE MADAME HUZARD (NÉE VALLAT LA CHAPELLE),
rue de l'Éperon, 7.

SOUVENIRS

D'UN

FANTOME,

CHRONIQUES D'UN CIMETIÈRE;

Par le baron Lamothe-Langon.

> Songes, devins, sorciers, fantômes imposteurs,
> Prodiges, noirs esprits et magiques acteurs.
> LEWIS ; ROMAN DU MOINE.

I.

PARIS.
PUBLIÉ PAR CHARLES LE CLERE, LIBRAIRE,
RUE GIT-LE-COEUR, 10.

MDCCCXXXVIII.

PRÉFACE.

J'étais, l'hiver dernier, dans un château où chaque membre de la société racontait des histoires de revenants plus effrayantes l'une que l'autre : elles nous amusaient, sans doute ; mais le piquant de la nouveauté n'y était pas. Ces histoires étaient connues et légèrement rhabillées ; j'en fis la remarque.

Dans un coin écarté du salon, il y avait un petit monsieur tout ramassé, porteur d'une physionomie étrange, et aux vêtements encore plus singulièrement coupés. Il ne parlait pas, mais son sourire sardonique et son regard malicieux m'impatientaient. Je me faisais un vrai plaisir de l'embarrasser ; pour cela j'allai à lui, et prenant la parole :

« Monsieur, lui dis-je, il paraît que nos récits vous amusent peu ?

— Ce n'est pas faute, reprit-il,

d'être pour moi de vieilles connaissances.

— Il est vrai, repris-je, que rien n'est nouveau sous le soleil, et peut-être pourriez-vous nous dédommager par quelque récit moins vulgaire?

— Je n'en ferai rien, dit-il; car on pourrait me punir d'avoir révélé des secrets qui doivent rester cachés entre les Adeptes.

— En seriez-vous un? répliquai-je.

— Et quand cela serait, s'écria-t-il, pourrais-je divulguer le mystère qui nous environne? Mais, au demeurant, poursuivit-il, on peut, sans le trahir, vous apprendre beaucoup de faits curieux et piquants.

— Je ne demande pas mieux, et si votre complaisance le veut ainsi, je suis prêt à vous écouter.

—Monsieur, me dit l'inconnu, d'une voix sombre et sévère, prenez-y garde, ce ne sont pas jeux d'enfants : les histoires que j'ai à vous raconter sont toutes inédites, je les ai recueillies dans les archives des cours souveraines, dans les chartriers des couvents, des chapitres et dans ceux des principaux châteaux de la France et de l'Europe. Là se trouvent ensevelis des faits terribles, tragiques, singuliers. Le philosophe s'en moque ; mais de quoi ne se moque-t-il pas? à l'entendre, il n'y a de vrai que ce qu'il peut comprendre. Hé! que le cercle est borné de ce que l'intelligence de l'homme peut parcourir ! »

L'inconnu ou le vieillard, en prononçant ces mots, y mit une solennité qui me frappa.

Je l'examinai avec plus d'attention, et son aspect, qui d'abord m'avait paru grotesque, me sembla vénérable. Lui s'était arrêté un instant, puis il poursuivit :

« Oui, le malheur de l'homme est de douter de tout; l'orgueil vient de l'ignorance; il pose des bornes à ce qui n'en a pas; il nie ce qui sort des règles communes de la nature; et pourtant, combien de fois la suprême intelligence a voulu communiquer avec nous par le moyen d'êtres surnaturels, où les ombres de ceux qui furent nos pères. Tout le monde, Monsieur, devrait avoir présents à la mémoire les quatre vers suivants de Voltaire :

Du ciel, quand il le veut, la volonté suprême
Suspend l'ordre éternel établi par lui-même ;
Il prescrit à la mort d'interrompre ses lois,
Pour l'effroi de la terre et l'exemple des rois.

» En se bien pénétrant de cette maxime, on n'affecterait pas un scepticisme coupable. Faibles atômes, qu'il nous appartient peu de dire à la divinité les paroles qu'elle-même elle adresse à la mer : *Tu n'iras pas plus loin!* Cette folie est criminelle : aussi souvent est-elle punie! que d'incrédules ont péri par des lois surnaturelles ! Il faut adorer, croire et se taire. Avec cela on est en règle et l'on ne craint rien. »

Le petit vieillard s'arrêta, il me parut grandi de plusieurs pouces, à tel point son propos me le rendit imposant. Je répondis par quelques mots inintelligibles.

Et lui alors : « Vous vous êtes approché de moi pour me tourner en ridicule : vous avez cru que je vous prêterais à rire. »

Je me récriai, et lui reprenant :

« J'ai dit vrai ; mais je vous pardonne. Trouvez-vous demain, à minuit précis, dans le cimetière de la paroisse (nous étions dans un endroit assez loin de Paris), là je vous remettrai le manuscrit qui renferme ces histoires merveilleuses, ces contes, comme il vous plaira de les appeler. Faites-les imprimer : elles profiteront à quelqnes uns; elles amuseront le plus grand nombre. »

Ici la maîtresse du logis vint m'appeler. Il manquait un partenaire à une table de bouillotte. La galanterie m'obligea d'abandonner le petit vieillard et d'aller perdre mon argent, quoique j'en eusse peu d'envie. Tout préoccupé de ce qui venait de m'être dit, je ne donnai pas d'attention au jeu : aussi je fus bientôt décavé. Je désirais l'être, afin de revenir à l'Adepte, dont j'aurais voulu me faire un ami. Je le cherchai en vain. Il était disparu.

« Qu'est-il, demandai-je à madame de ***, notre gracieuse amphitryon? »

— C'est un voisin, répondit-elle, qui ne fraie avec personne ; un ours mal léché, qui n'est venu ce soir que parce que mon mari l'a forcé dans sa tanière, et qui ne reviendra pas, parce qu'il s'est ennuyé avec nous, ce qu'il m'a fait entendre poliment. »

Je demandai son nom. On l'ignorait. C'est un voisin, ne cessait-on de me répéter.

— Mais, où demeure-t-il? »

On ne sut jamais me le dire. J'admirai cette facilité d'aller à la recherche de gens qui ne se soucient pas de nous.

Le jour suivant, je le passai à la
chasse. Nous rentrâmes harassés. On
soupa, on se coucha de bonne heure.
Seul, je luttai contre le sommeil,
ayant mon rendez-vous en tête. J'avais
examiné le cimetière à la clarté du
jour, et je l'avais trouvé accessible
en plusieurs parties. Des brèches ouvraient la muraille. A onze heures
trois quarts, portant une lanterne
sourde, je quittai ma chambre. J'eus
de la peine à réveiller le concierge ; il
ne voulait pas ouvrir la grande porte.
Je l'y déterminai avec la clef d'or. Il
dut passer le temps de mon absence
en conjectures, déshonorant les jolies
paysannes et toutes les dames huppées
des environs. La nuit était superbe.

La lune brillait aux cieux, et néanmoins mon cœur battait, comme si j'eusse juste trouvé une procession de fantômes prêts à défiler devant moi. Je portai les yeux tout autour, et j'aperçus, à quelque distance, une figure immobile : je crus reconnaître mon vieillard ; je m'avançai : c'était lui en effet. Eh! bon Dieu! quel visage pâle, hâve!... les yeux caverneux!..... toute une apparence de fantôme à faire frémir! Je reculai d'un pas...; il s'amusa de ma peur, il sourit : quel sourire effroyable! Il tenait à la main un rouleau de papiers.

« Voilà, dit-il, ce que je vous ai promis..; mais il ajouta : Les contes, et il appuya sur ce mot, les contes qu'il renferme produiront sur vous plus d'impression, si vous pouvez être convaincu de leur réalité.

— En vérité, repartis-je en l'examinant attentivement, le lieu où nous sommes, les impressions qu'il produit rendent crédule.

— Je gage, répliqua l'inconnu, qu'une apparition vous épouvanterait?

— A dire vrai, j'aime tout autant les lire que les voir. »

Il leva ses yeux au ciel, croisa ses bras sur sa poitrine :

« Savez-vous qui je suis? »

Et cela me fut demandé d'un son

de voix si lugubre, que j'en fus terrifié!...

— Mais, dis-je, vous êtes un voisin.

— Oui! dont la demeure est étroite et profonde!... Il y fait froid, et on a le temps d'y réfléchir! »

Voulant prendre le propos en plaisanterie, et persuadé que le malin personnage cherchait à m'intimider :

— A votre place, repartis-je, je la choisirais plus agréable.

— Cela n'a pas dépendu de moi. Je suis venu m'y loger, parce que le temps d'en prendre possession était arrivé. Croyez-moi, réfléchissez à l'avenir! L'heure à laquelle vous me rejoindrez sonnera bientôt, peut-être; en attendant, vous pourrez vous vanter d'avoir connu le premier propriétaire du château que vous habitez. »

A ces mots, à la place du vieillard, je ne vis qu'un tas de linceuls funèbres et d'ossements disjoints, qui roulèrent çà et là. Pousser un cri, prendre la fuite, rentrer au château, me barricader dans ma chambre, fut l'affaire de peu d'instants. Là je m'évanouis ou m'endormis, je ne sais trop lequel : le lendemain, je trouvai sur ma table le manuscrit que j'offre au public. Le concierge prétendit ne m'avoir jamais ouvert la porte, et nul de la compagnie ne se rappela le maudit vieillard, dont je faisais le portrait. Je passais pour avoir eu un mauvais rêve.

La Main vivante.

Alzone, petite ville de France, est un chef-lieu de canton du département de l'Aude, situé sur la grande route de Toulouse à Monpellier; c'est un lieu de passage, mais où les voyageurs s'arrêtent rarement. Au commencement du dernier siècle, un bon bourgeois y vivait fort à son aise, et, pour cela seul, on lui supposait une immense fortune : il s'appelait M. Revel. Sa famille se composait uniquement d'une nièce, jeune et jolie personne que les hobereaux de la contrée recherchaient, et que l'on accusait d'être fière, parce qu'elle ne s'empressait pas de faire un choix. Pendant une nuit d'hiver, M. Revel, qui avait l'habitude de se coucher de bonne heure, fut réveillé, vers les onze heures du soir, par un saisissement de cœur et une inquiétude vague dont il ressentait l'effet sans pouvoir en deviner la cause. Poussé cependant par une impulsion inconnue, et qui le dominait, il battit le briquet, se leva, s'habilla, sans trop savoir pourquoi, et, se moquant de la faiblesse qui le rendait ainsi l'esclave d'une agitation sans objet.

Dans ce moment, il entendit un des chiens

de sa basse-cour hurler d'une façon toute particulière. Il prêta l'oreille et crut distinguer, tout contre sa maison, des pas, et un bruit de voix étouffées.

Tout pique la curiosité dans une petite ville. L'heure était indue. On savait que, depuis quelques mois, une bande de voleurs, sous la conduite d'un ancien contrebandier, nommé Richard, désolait les montagnes Noires, les Corbières, la Malepeyre, toutes trois appendices des Pyrénées. M. Revel prétendit que, puisqu'il avait quitté son lit, la prudence voulait qu'il visitât l'intérieur du manoir, afin de s'assurer si le domestique ou la cuisinière avait fermé soigneusement toutes les issues. Il mit sa chandelle dans une lanterne sourde et descendit à pas de loup l'escalier. Au premier palier s'élevait, sur un piédestal en marbre de Caunes, une statuette de la Vierge, objet de la piété du

maître du logis et des siens. Bien que
M. Revel fût préoccupé, il ne négligea pas,
selon sa coutume, de saluer profondément
l'image révérée, et, cette fois, il ajouta à la
formule d'ordinaire un *Ave, Maria!* qu'il
achevait au moment d'entrer dans la cuisine.

Il a dit depuis qu'avant cette prière son
esprit était sombre et lourd; mais qu'aussitôt qu'il eut invoqué la très sainte mère de
Dieu, quelque chose de fort et de lumineux
se réveilla dans lui. Il regarda les objets avec
plus d'assurance, et il eut plus de finesse
dans son ouïe. Parvenu au milieu de la
pièce, il s'arrêta, écouta, et, à sa surprise
mêlée de terreur, il ne put douter que, du
chemin qui longeait la maison, on ne travaillât à enfoncer le contrevent d'une fenêtre
qui n'était pas fermée intérieurement. Il
s'avança d'un pas rapide. Ses yeux aperçurent une petite hache, dont la cuisinière

se servait pour couper les grosses branches de saule employées à allumer le feu. Il s'en saisit précipitamment, et à propos ; car un des ais du contrevent déjà écarté laissait passage à une main large et nerveuse.

M. Revel, écoutant son indignation, frappa d'un tel coup cette main ennemie, qu'il la détacha de son poignet et la fit tomber à l'intérieur. Un cri aigu, douloureux, prolongé s'éleva de la grande route ; des imprécations y répondirent. M. Revel cria aussi de son côté : Au voleur ! à l'assassin ! et, courant vers une pièce voisine, où des armes à feu étaient déposées, il prit un fusil à deux coups, et, par l'ouverture qui avait été faite, fit partir successivement les deux détentes.

Il n'en fallait pas tant pour jeter l'épouvante parmi les Alzonais. Le domestique de M. Revel, sa nièce et sa servante se réveillèrent; plusieurs voisins en firent autant. L'alarme tarda peu à se répandre dans le bourg. On sonna le tocsin. La maréchaussée, dont une brigade était en résidence à Alzone, accourut, et l'on poursuivit les brigands dans plusieurs directions, sans pouvoir les atteindre; on les savait nombreux. Une trace de sang conduisit, le lendemain, jusqu'au bord de la rivière du Fresquel ; mais là on la perdit entièrement.

Un tel évènement fit grand bruit dans les sénéchaussées de Castelnaudary et de Carcassonne : les curés lancèrent des monitoires; les espions se répandirent dans les diocèses voisins; mais on ne put savoir ce que le mutilé était devenu. M. Revel conserva soigneusement la main, trophée de sa victoire, dans un bocal rempli d'eau de vie, et l'exposa sur le chambranle de la cheminée de son salon.

Quatre ans s'écoulèrent. D'autres évènements avaient fait disparaître le souvenir de la tentative des voleurs qui, eux-mêmes, abandonnèrent la contrée. Vers la fin du mois de novembre, le soleil prêt à se coucher, voici un courrier extraordinaire, suivi d'un postillon, qui demande à la poste aux chevaux le nombre d'attelages nécessaire pour les trois voitures du comte Marouski, grand seigneur polonais, qui, dangereusement malade, avait hâte d'aller coucher à Carcassonne. Le courrier ne laisse pas ignorer que son maître, très grièvement blessé à la main droite dans une bataille livrée aux Russes, allait à Montpellier, ville célèbre alors, surtout dans les fastes de la médecine, et où il espérait trouver du soulagement aux douleurs intolérables qu'il éprouvait.

A l'annonce du passage d'un aussi puissant seigneur, la majeure partie des habitants d'Alzone environnait la maison de poste : leur curiosité souhaitait se satisfaire par la vue du comte Marouski. Il arrive enfin, on dételle les chevaux; mais voilà que tout à coup Son Excellence éprouve une crise affreuse. Le chirurgien polonais qui l'accompagne déclare que le comte ne peut aller plus loin, et qu'il est indispensable de trouver à loger pour cette nuit dans Alzone. On ne sait qui a désigné le logis de M. Revel, tant il y a que le premier écuyer du comte et le chirurgien viennent au maître et le prient d'accorder à Son Excellence l'hospitalité que plusieurs voisins offrent déjà. La vanité d'une part et la bienveillance de l'autre du riche bourgeois le rendent sensible à la préférence qu'on lui accorde; et, tandis qu'il donne ses ordres à sa nièce, lui va au devant de l'étranger. A peine si celui-ci le remercie et le regarde, à tel point il souffre. Il est tout enveloppé de manteaux et de fourrures. On ne voit presque pas sa figure; on n'aperçoit pas sa main droite. Il se dirige vers la maison de M. Revel, où arrive, en même temps que lui, le curé de la paroisse, prêtre et ami du bon bourgeois, auquel il aidera à faire les honneurs de sa demeure au magnifique étranger. Celui-ci entre dans la salle de réception, vaste pièce à l'immense cheminée, où brûle un feu énorme. Le Polonais est couché sur un sopha de canne. Mais, tandis qu'on l'y accommode, ô surprise!... ô terreur!... le curé, qui, dans ce moment, jette un regard distrait sur le bocal de verre où nageait la main coupée du brigand, voit celle-ci frémir, s'agiter, se redresser et appuyer ses cinq doigts avec une telle apparence de force contre les parois du bocal, que le curé craint un instant qu'elle ne l'ébranle et ne le fasse tomber sur le plancher.

Ne pouvant se rendre compte d'un phénomène aussi inconcevable, et néanmoins cédant à un instinct de prudence, le curé jette négligemment son mouchoir sur le bocal, l'enveloppe, le soulève, l'emporte avec lui et va le déposer dans une pièce éloignée.

Ce soin rempli, le curé, profitant du tumulte inséparable de l'entrée d'un tel personnage dans une maison, tire M. Revel à part et l'instruit de ce qui se passe. Celui-ci, non moins que l'homme de Dieu, ressent tout à la fois et surprise et terreur. Il se rappelle de quelle manière cette main est tombée en son pouvoir. Il compare ce fait à la blessure de l'étranger, et convient avec le curé des mesures de précaution à prendre, et combien il est nécessaire de se méfier du Polonais.

Douze domestiques, sans compter le chirurgien et le comte lui-même, forment la suite de l'étranger. Le comte, le chirurgien et deux valets de chambre doivent seuls coucher chez M. Revel. Le reste logera chez des voisins, ou dans la principale auberge d'Alzone.

Il est donc facile de le surveiller. Le brigadier de la maréchaussée, à qui on communique les mêmes conjectures, partage l'opinion du curé, et déclare que la plupart des gens arrivés sont porteurs de physionomies atroces, et ressemblent plutôt à des mauvais sujets qu'à d'honnêtes personnes. Vers dix heures du soir, lui et ses cavaliers, armés jusqu'aux dents, sont introduits dans la maison par une porte secrète qui s'ouvre sur le jardin, et prennent position dans une chambre située en face de celle que le comte Marouski a voulu occuper avec son chirurgien et ses deux heiduques. Un corridor sépare les deux pièces. Ni M. Revel, ni sa nièce, comme on doit le croire, ne cherchèrent le repos pendant cette nuit. Un fait non moins étrange que l'était le reste les avait livrés à de sinistres terreurs; la statue de la Vierge dont nous avons déjà parlé, et sans qu'aucune personne l'eût touchée, à ce que l'on affirmait, venait d'être trouvée la tête tournée vers la muraille, tandis qu'auparavant elle regardait l'escalier. Le curé, instruit de cette particularité, ne douta plus que l'action de Dieu n'agît en cette demeure.

A une heure du matin, nulle rumeur n'avait encore troublé le silence de la maison. Mais alors les cavaliers de la maréchaussée, toujours aux aguets, entendirent distinctement qu'on se remuait dans la chambre des étrangers. Bientôt après, leur porte s'ouvrit, et le comte parut d'abord : lui, non plus embarrassé dans ses compresses et ses écharpes, mais, au contraire, à demi nu, tenant de la main gauche un poignard (car la droite manquait); ses compagnons le suivaient, armés aussi, éclairés d'une seule lanterne. Leur démarche était significative. A un signal donné par leur chef, les soldats de la maréchaussée firent feu, et les quatre brigands tombèrent roides morts sur la place. Au bruit de la décharge, les habitants d'Alzone, prévenus à l'avance, s'emparèrent chacun du coquin qu'il logeait, si bien qu'aucun de la bande n'échappa. On eut l'idée de retirer la main du bocal et de l'approcher du cadavre du prétendu comte. O prodige!... la main s'élance du plat sur lequel on l'avait placée, et d'un bond va s'appliquer au moignon, où elle se rattacha si fortement qu'on ne put l'en séparer qu'à grande peine : on la réunit, on l'ajouta dans le tombeau, où tous ces scélérats furent ensevelis.

M. Revel, en reconnaissance de la protection du ciel, qui s'était si manifestement déclaré, fonda l'obit d'une messe en action de grâce. On la chantait encore à Alzone à l'époque de la première révolution.

Le Perroquet, ou le Magicien suédois.

La comtesse de La *** habitait ses terres dans le midi de la France, aux environs de Toulouse. Elle était jeune, régulièrement belle, et possédait cet esprit qui s'allie rarement à la beauté. Plusieurs années s'étaient écoulées depuis son mariage sans qu'elle eût rempli son devoir d'aller à la cour présenter ses hommages à la famille royale. Son mari l'y amena en 1727. Louis XV était alors dans tout l'éclat de son adolescence; mais trop jeune, il ne faisait qu'admirer les dames et ne les attaquait pas encore dans leurs vertus.

La comtesse de La***, proche parente de mesdames d'Advizard et de Dreuillet, fut conduite par elles à Sceaux où madame la duchesse du Maine tenait sa cour privée, lieu célèbre dans les fastes de la galanterie littéraire, où les hommes et les femmes d'esprit aimaient à se montrer.

Les étrangers, distingués par leur naissance, se faisaient présenter à madame du Maine. Parmi ces derniers, on citait, à cette époque, un seigneur suédois, le comte de Rœdernn, allié à la famille régnante; fier de sa noblesse et de ses dignités, il y joignait les avantages d'une figure gracieuse et d'une amabilité qui en rehaussait le prix. Mais, tout à la fois impétueux, opiniâtre, et dissimulé, orgueilleux outre mesure, superbe et violent, il ternissait par ses défauts la liste nombreuse de ses qualités.

Le comte de Rœdernn tarda peu à distinguer madame de La***; elle était trop belle pour rester inaperçue, et il se hâta d'apporter son hommage à ses pieds; mais il soupira en vain. L'austère vertu de la noble Toulousaine n'entendit pas ses soupirs et refusa d'admettre ses protestations. Il n'était pas accoutumé à une retenue pareille. Gâté par de nombreux succès, réussir lui semblait être un droit, et tout refus un outrage.

Cependant, malgré ses tentatives, ses plaintes, ses larmes, son désespoir mêlé de courroux, la comtesse de La *** ne changea pas de rôle, et, poussée à bout par ses importunités, lui défendit l'entrée de sa maison.

Jamais outrage plus sanglant n'avait été fait au Suédois présomptueux. Son amour-propre, si cruellement froissé, ne connut plus de bornes. Il se promit d'en tirer une vengeance éclatante. Mais qu'un amant est faible et qu'il y a de pouvoir dans la beauté qui l'enchaîne! M. de Rœdernn s'était cru libre par l'appel qu'il avait fait à sa fierté; vain essai! La première fois qu'il revit la comtesse de La *** chez la duchesse du Maine, il la vit si brillante, si radieuse, qu'il se sentit enflammé plus que jamais.

Il s'approcha d'elle, il tâcha de la fléchir; mais elle, opposant un front dédaigneux à ses supplications, montra une volonté ferme de ne lui laisser aucune espérance. Le comte alors, ne mettant plus de borne à son impétuosité, se pencha vers elle, et à voix basse :

« Triomphez, madame, dit-il, jouissez de votre odieuse victoire, savourez-la; elle doit vous être précieuse. Le vaincu n'est pas sans quelque éclat; mais qui sait s'il ne prendra pas sa revanche et s'il ne se paiera pas en terreurs de votre part, des amertumes de ses angoisses? Adieu, madame, je ne vous importunerai plus ; vous apprendrez ce que peut un noble suédois outragé! »

A ces mots, il se perdit dans la foule qui encombrait le salon, passa dans une autre pièce et délivra la comtesse de sa présence, qui réellement lui devenait importune.

Cette dame, néanmoins, aussi prudente que spirituelle, avait tu à son mari l'amour du seigneur étranger; elle ne lui en parla pas davantage après la scène que nous venons de décrire, et elle fit bien; car le comte de La *** était ensemble jaloux et brave. Deux mois après, le comte et la comtesse quittèrent Paris et s'en revinrent au château de Beau..., où ils avaient l'habitude de passer l'été et l'automne. Un an s'écoula; la comtesse avait perdu jusqu'au souvenir de M. de Rœdernn. Un vendredi, vers trois heures de l'après-midi, elle était seule dans le salon principal du château de Beau...., lorsque, du côté de l'occident, des sombres vapeurs s'amassèrent. Le ciel en fut couvert; elles étaient lourdes et embrasées; en même temps un vent impétueux s'éleva, sifflant d'une violence sans pareille, et emportant en tourbillons désordonnés la poussière, les herbes et les feuilles.

Les mugissemens de l'ouragan redoublaient; l'air était entièrement obscurci, lorsqu'un des carreaux de verre de Bohême, qui garnissaient les fenêtres du salon, fut brisé en mille éclats, et si singulièrement, qu'il n'en resta le moindre morceau attaché à la boiserie.

La comtesse, effrayée, tressaillit et se levait pour appeler ses femmes, quand un coup de tonnerre déchira la nue, et aussitôt s'élança du dehors, et, par l'ouverture qui venait d'être faite, entra un admirable oiseau, d'une grosseur peu commune, dont la tête était rouge, le cou nuancé de vert et de pourpre, les ailes d'un jaune éclatant, le ventre noir à reflets chatoyants, et la queue démesurément longue, ornée de trois plumes vertes, légèrement bordées d'aurore. Cet oiseau, qui n'appartenait à aucune nomenclature d'histoire naturelle, portait, au dessus de son bec, une aigrette blanche et sanguinolente. Jamais il ne fut plus bel et plus bizarre animal. Il sauta légèrement sur le parquet, tortilla, fit la roue, et par la gentillesse de ses manières et la richesse de son plumage, charma tellement la comtesse, qu'elle oublia l'orage dont elle avait eu tant de frayeur et qui continuait à gronder avec violence. Le comte d'abord, ensuite les personnes de sa famille qui étaient au château, ses gens enfin, furent tous appelés successivement pour admirer le nouveau venu. Il méritait les éloges qu'on lui prodigua, et l'on ne fut pas moins surpris de sa familiarité et de sa douceur que de sa beauté si remarquable. Depuis ce moment, il devint le favori de madame de La*** et ne la quitta presque jamais. Tantôt il la suivait en marchant, tantôt il se perchait sur son épaule, tantôt il voltigeait autour d'elle, se montrant si familier, si apprivoisé, que la frayeur de le perdre cessa promptement.

La comtesse couchait dans un appartement particulier. On dressait tous les soirs, dans sa chambre, un lit pour sa cameriste favorite. Deux bougies restaient allumées sur la cheminée, où elles brûlaient, durant la nuit, jusqu'à leur entière extinction. Elles remplaçaient les veilleuses, et étaient de meilleur goût.

Un soir et selon l'usage encore, deux autres bougies éclairaient la chambre de madame de La*** pendant qu'elle faisait sa toilette de nuit; il y en avait donc alors quatre allumées. Madame de La*** les regardait machinalement, lorsqu'elle en vit une s'éteindre; elle s'en étonna, car l'air était redevenu calme, et toutes les ouvertures se trouvaient fermées. Sa surprise augmenta quand la seconde s'éteignit, et, bientôt après, la troisième aussi.

A ce phénomène, une frayeur superstitieuse troubla la dame, elle ne put s'empêcher de s'écrier : « Je meurs si l'on éteint la dernière. » La quatrième, qui déjà palissait, se ranima promptement.

Ceci, loin de calmer la peur de la comtesse, la porta au comble; ses femmes n'étaient guère plus rassurées. On ralluma les bougies, on fit des prières, on aspergea la chambre d'eau bénite, et puis on se décida à se coucher.

Voilà que les rideaux du lit furent agités à diverses reprises et que les anneaux tintaient sur les tringles où ils étaient passés.

Pousser un cri, se pendre à la sonnette, fut l'effet d'un mouvement instantané. On accourut: la dame conta ce qui s'était passé; on se moqua d'elle, c'est l'usage. Cependant ses gens la veillèrent, et rien de surnaturel ne la troubla pendant le reste de la nuit.

Elle se leva pâle et abattue. Le bel oiseau servit à la distraire; mais elle craignait la nuit suivante; c'était à tort. Celle-là aussi s'écoula calme. Deux jours après, elle demanda une robe dont la nuance lui plaisait particulièrement. On ne put la trouver ni dans les armoires ni dans les laisses du cabinet, pas plus que dans les diverses commodes ou autres meubles où on fouilla avec soin. Chacune des femmes jura ses grands dieux de n'avoir point pris cette robe; pourtant elle ne reparut pas.

Le même soir, il prit fantaisie à madame de La*** d'ouvrir le sultan dont on lui avait fait cadeau le jour de ses noces, et qui alors remplaçait la corbeille dont nous avons vu le règne finir de nos jours pareillement. De quel étonnement madame de La*** ne fut-elle pas saisie, lorsqu'elle y trouva sa robe tant cherchée le matin, mais coupée en un si bon nombre de petits morceaux, que le plus grand n'avait pas un pouce de surface. Il fallut s'émerveiller autant des heures qu'on avait dû employer pour consommer cette malice que du fait en lui-même. Il demeura inexplicable pour tous.

Une autre fois, madame de La***, en montant l'escalier, vit distinctement, au plus haut palier, une figure gigantesque vêtue de noir, qui lui fit un geste de menace et qui disparut en même temps.

Dès lors chacune de ses journées et presque toutes ses nuits furent troublées par des actes de sorcellerie dont elle ne se trouva pas libre, en venant passer l'hiver à Toulouse. Sa santé en souffrit, et sa beauté en diminua. La belle saison la ramena dans sa terre de Beau..., sans la délivrer d'une obsession qui variait de forme et qui, au fond, était la même. Les prêtres consultés n'avaient su que dire; les prières, les cérémonies ordonnées par le rituel en pareil cas demeurèrent impuissantes.

Il y avait un an, jour par jour, que cela

durait ; madame de La***, le matin même, avait été effrayée par une vision non moins sinistre que les autres. Elle était dans son salon, où elle pleurait amèrement. L'oiseau favori folâtrait autour d'elle, quand, se rappelant que le pouvoir fatal qui la dominait avait commencé son influence à l'instant où l'oiseau s'était donné à elle, elle ne put s'empêcher de lui dire : « Méchant animal, si c'est toi qui m'as ensorcelée, je te déteste et, au nom de Dieu, je t'adjure de me délivrer de ta présence. »

A peine a-t-elle dit, que le carreau de verre qui remplaçait celui brisé un an auparavant fut également mis en éclats cette fois-ci, et l'oiseau, poussant un râlement horrible, se précipita par l'ouverture, déploya ses grandes ailes et disparut sans retour.

La comtesse a dit, depuis, qu'en ce moment elle fut comme éclairée, et qu'elle s'étonna de n'avoir pas plus tôt rompu le charme, en rapprochant la coïncidence de la venue de l'oiseau, et des prodiges qui s'y mêlaient. Par un mouvement machinal, elle ouvrit elle-même les trois grandes portes du salon, comme si une abondance d'air lui eût été nécessaire. Dans ce moment, par la porte du milieu, entra un chapeau de forme étrangère, à hauteur d'homme, et qui n'était appuyé sur rien. Ce chapeau allait et venait dans le salon, comme s'il eût cherché la comtesse. Elle, prosternée à genoux, implorait Dieu mentalement, car il lui était impossible de proférer aucune parole. Trois plumes vertes, et pareilles à celles de la queue de l'oiseau, ornaient le chapeau qui, venant droit à madame de La***, achevait de glacer son sang, lorsqu'un coup de fusil, parti de la terrasse voisine, atteignit le chapeau de deux balles. Des ruisseaux de sang en jaillirent ; on entendit le bruit d'un corps qui tomba ; et, lorsqu'on fut venu au secours de la comtesse, on la trouva évanouie, et tout auprès d'elle gisait le cadavre du comte de Rœdernn.

C'était le garde-chasse du château, qui, traversant le parterre pour aller chasser au loup, avait aperçu la merveille de ce chapeau cheminant seul ; persuadé qu'il y avait là dedans de la diablerie, il n'avait pas hésité à faire feu. Le comte et la comtesse, étant les seuls qui connussent M. de Rœdernn, se turent sur ce point et laissèrent le pays dans l'ignorance complète de ce fait capital. On ensevelit le corps à la voirie, et la famille seule de M. et de madame de La*** fut instruite des détails consignés dans cette histoire et sur laquelle on n'obtint pas d'autres renseignements, la prudence n'ayant pas permis d'en écrire en cour ou en Suède.

Ainsi on ne put savoir que longtemps après l'inquiétude de la famille de Rœdernn, touchant la destinée de son chef, qui avait disparu de Stockholm, sans que depuis on eût eu de ses nouvelles ; ceci coïncida parfaitement avec ce qui s'était passé dans le Languedoc et au château de Beau.....

Monsieur du Château.

Dans le Roussillon, sur les bords de la mer, entre Salces et Perpignan, s'élevait le château Rollin, habité par l'ancienne famille de ce nom. De temps immémorial, un être surnaturel, lutin, fantastique, démon, y avait établi sa demeure; il s'appelait *Monsieur* tout court, répondait à ce nom, et eût été blessé si on l'eût qualifié d'une autre manière. Nul ne pouvait se vanter de l'avoir vu en face; mais on le rencontrait souvent enveloppé d'un manteau de taffetas noir, qui criait dans les ténèbres. Monsieur portait une vaste perruque. Il inspectait l'écurie, veillait aux chevaux, rossait les palefreniers qui ne les soignaient pas bien, et avait toujours quelque petit présent à faire à celui qui était intelligent et honnête. On l'avait vu souvent bercer les enfants en bas âge, mais toujours tourner le dos à ceux qui le regardaient. Monsieur allait et venait dans le château comme un habitué, on avait soin de lui livrer passage; car, malgré ses gentillesses, il était capricieux à outrance. Il soufflait les lumières, jouait avec les bouteilles d'huile, faisait trébucher les gens dans les escaliers. Qui se fâchait était plus maltraité encore; qui se montrait jovial en recevait toujours quelques petites douceurs. Les choses en étaient ainsi, et les habitants de Rollin, à peu près accoutumés aux malices du farfadet, ne s'en tourmentaient guère, et le bénissaient presque d'avoir établi son séjour parmi eux.

Voilà qu'un soir on frappe à la porte du château, un moine se présente, sale, puant, laid à faire plaisir. Dans le Roussillon, on est très pieux, et chaque fois qu'un habitant de monastère y demande l'hospitalité, il est accueilli et bien traité. On donne à celui-ci une chambre où Monsieur faisait ordinairement ses ébats. Le moine se couche; mais quoi? il ne peut dormir : le lit a été semé de morceaux de vergettes coupées menu; et puis, avec une seringue, on injecte sa barbe d'une telle liqueur, qu'il infecte ses proches voisins. Au point du jour, frère Hilarion se lève et se plaint de l'impiété des domestiques; chacun se récrie, et tous, d'un commun accord, déclarent Monsieur coupable des faits et gestes dont les accusait le saint religieux.

« Un lutin! s'écria le moine, un lutin ici, et on l'y tolère! et on ne le chasse pas comme un misérable réprouvé qu'il est! »

Il pérora tant, que le seigneur de Rollin consentit à ce que Monsieur fût exorcisé. Le père Hilarion, muni d'eau bénite, d'un goupillon, d'un crucifix, de trois cierges bénits, s'enferma nuitamment dans la chambre et commença ses opérations. Un bruit effroyable agita le château; des cris lugubres, un fracas de chaînes se firent entendre. La voix du père Hilarion s'élevait par dessus, nul n'osait venir à son secours, car il l'avait sévèrement interdit. La nuit s'écoula dans l'effroi et l'attente. Le lendemain, le moine parut le froc déchiré, la figure égratignée, mais tenant à la main, et en trophée, la belle perruque de Monsieur, et son manteau de taffetas qui criait dans les ténèbres ; il assura avoir si bien accommodé le drôle qui, d'ailleurs, s'était vigoureusement défendu qu'oncques il ne se représenterait dans le château de Rollin. Quoique ce fût un allégement pour les habitants de cette forte demeure, il y en eut qui regrettèrent Monsieur ; plusieurs mois s'écoulèrent, un an même, et le follet ne se montrait plus, il était réellement en fuite. Cependant une jeune fille de service prétendit avoir vu rôder, à l'entour du berceau du dernier né, une petite créature chétive, la tête pelée, en chausses et pourpoint, mais sans manteau.

Quelque temps après, dans l'écurie, un palefrenier vit la même figure : «Oh ! oh ! oh !

Monsieur, s'écria-t-il ; c'est donc comme cela que le père Hilarion t'a accommodé? »

Il en fit cent gorges chaudes : les rustres ne ménagent pas les infortunés. Le lendemain matin, le palefrenier ne se montrant point, on l'appela, il se taisait ; on se mit à la recherche, et on le trouva étranglé dans son lit.

La terreur se répandit dans le château, nul ne douta que Monsieur n'eût immolé ce drôle, pour se venger de ses railleries : dès lors on prit en haine le lutin ; on se munit de reliques, de chapelets, d'eau bénite, et on le poursuivit à outrance. Quelques soirs après, un des fils du seigneur, enfant âgé de dix ans, très précoce et d'une beauté peu commune, se montra pâle et soucieux. Sa mère le questionna ; l'enfant, avec un torrent de larmes, finit par lui dire qu'il avait vu Monsieur, qu'il l'avait vu face à face, dans le cours de la journée; qu'il était laid à faire horreur, et qu'il lui avait dit :

« Je n'avais jamais fait de mal à personne du château; on n'a pas eu pitié de ma misère; on se rue après moi; je quitte Rollin pour ne plus y revenir, et je n'en partirai pas seul : toi tu viendras avec moi. »

L'enfant acheva : qu'on juge de l'épouvante de sa famille. Cependant, on espérait encore; car le petit garçon, quoique maladif, n'était pas en danger; un médecin consulté, se moqua des terreurs de la famille : il répondit de la vie de celui qu'on croyait près de périr, et par là rassura complètement le seigneur et la dame de Rollin. On passa d'un excès à l'autre : les mauvaises plaisanteries recommencèrent sur le compte de Monsieur; on siffla sa colère, on défia sa vengeance, et le reste de la journée s'écoula dans une sécurité d'autant plus grande, que le début avait été tourmenté. A minuit précis, un coup de tonnerre ébranla le château : des hurlements se firent entendre. Une voix effrayante cria : Adieu !... et alors même, l'enfant expira !... Depuis lors, Monsieur ne reparut plus au château de Rollin, ni dans les environs (1).

(1) Cette anecdote se trouve tronquée dans *les Imaginations* de M. Ouffle ; elle est extraite d'une chronique originale conservée avant la révolution au monastère de la Grasse, ordre de Saint-Benoît, et situé dans les montagnes des Corbières, appendice de la chaîne des Pyrénées-Orientales. Ce volume précieux, est aujourd'hui dans la bibliothèque d'un ami de l'auteur ; c'est d'une mine aussi riche qu'il a tiré les contes fantastiques ou histoires réelles qui, dans ces deux volumes, se rattachent au midi de la France.

L'Homme de la nuit.

C'était à Gênes, dans la ville aux merveilles de l'architecture, la reine des cités modernes, où tout est magique, où tout enchante. Ici c'est la beauté d'un ciel toujours serein, ou la magnificence des points de vue;

là, des rocs escarpés s'élèvent jusqu'aux nues ; plus loin s'étendent des bocages embaumés d'orangers, de myrtes et de grenadiers, de palais de féerie. Dans une campagne sillonnée de ruisseaux et de cascades s'étendent les murailles de la ville flanquées de tours dont chaque pierre est taillée en pointe de diamant, et, de la cime des remparts, l'œil ébloui plonge sur la vaste mer et peut distinguer au lointain les côtes bleuâtres de la Corse.

Si l'extérieur de Gênes présente ces aspects variés, le spectacle de tout l'intérieur n'est pas moins curieux ni extraordinaire. Bâtie sur un terrain excessivement rétréci entre la montagne et la mer, il a fallu gagner sur la largeur des rues ce qui était nécessaire à l'habitation des citoyens. Les stradi (les rues) sont, pour la plupart, si étroites, qu'un homme chargé de bois les remplit entièrement. Deux chaises à porteur qui se croisent ont fort à faire pour ne pas s'accrocher ; et pourtant du fond de ces corridors s'élèvent des palais gigantesques, tout de marbre, de granit, de jaspe et de porphyre ; demeures somptueuses, monuments de la richesse et de l'orgueil humain.

A peine quatre ou cinq rues, la *Strada*, *Balbi*, *la Strada-Nuova*, et *Nuovissima*, celle de la porte de l'Arc, permettent-elles aux voitures de rouler dans cet espace rétréci. Les deux côtés sont garnis de demeures encore plus magnifiques. L'œil perce à travers les colonnades des portiques du rez-de-chaussée suivi de vastes escaliers de marbre qui montent jusqu'à perte de vue, et, à leur suite, d'autres colonnades se marient aux arbustes des jardins suspendus. Il y a dans tout cela un mélange de statues, de fontaines, de fleurs et de cascades ravissantes.

Là tout est prodige, et l'on ne peut se figurer ces demeures brillantes habitées que par des maîtres heureux.

Il était nuit, et sur la place de la Fontaine Amoureuse, un palais resplendissait d'une illumination admirable; des chœurs de musique s'élevaient de divers appartements. La joie régnait dans le palais Imperiali : c'était le jour de l'anniversaire de la naissance du marquis Cesareo, chef de cette maison illustre. Sa famille était nombreuse ; nombreux était le nombre de ses amis. On dansait de toutes parts, et des valets vêtus d'une somptueuse livrée, portaient dans d'immenses plats d'argent des sorbets, des fruits et des liqueurs glacées qu'ils offraient en profusion à chaque convive. Les jardins construits en terrasses superposées les unes sur les autres, ornés de statues et de diverses chutes d'eau, étaient éclairés par des lampions de couleurs formant les armoiries et les chiffres du marquis Cesareo Imperiali.

Mais si l'éclat de cette fête frappait les yeux, on ne pouvait encore s'empêcher d'admirer la pompe d'un ciel tout noir et parsemé d'étoiles d'or et d'argent, que la pureté de l'air faisait briller d'une lumière nette et vivement tranchée. Jamais pavillon royal n'avait eu cette splendeur imposante.

Le vent humide de la mer se taisait, et une brise légère portée des montagnes amenait avec elle les exhalaisons odorantes des plantes que la nature y a semées avec tant de prodigalité. Tout enivrait les sens pendant cette nuit et cette fête, où la raison du plus sage était peut-être troublée en secret.

Du fond d'une grotte formée de stalactites, de coquillages aux vives couleurs, de fragments étincelants des mines de fer de l'île d'Elbe, de madrépores et de coraux rouges, noirs et bleus, sortit un étranger. Sa taille était élancée, sa tournure noble et gracieuse; sa démarche lente et mesurée annonçait de la souffrance ou un esprit méditatif. Il y avait dans le visage de cet inconnu quelque chose de singulier et d'indéfinissable : les traits en étaient réguliers, la forme agréable; mais il partait de ses yeux des éclairs si aigus, et sur sa bouche errait un sourire tellement sardonique, que les regards, attirés d'abord par le charme de l'ensemble, se détournaient instantanément. Les vêtements de l'étranger annonçaient la richesse; il y avait plus que du goût, il y avait du luxe : et, par un contraste extraordinaire, sa main gauche était enfermée dans un gant de peau noire, soigneusement attaché à l'avant-bras par des bandes de velours et des boucles d'or. On devait croire qu'une maladie quelconque nécessitait cet appareil.

La main cependant fonctionnait comme l'autre, et ceci ajouta au piquant de l'effet.

L'étranger (car il fut facile de reconnaître qu'il venait au palais Imperiali pour la première fois) se confondait d'abord dans la foule joyeuse, parut chercher ce qu'il ne rencontrait pas, et s'adressant enfin au jeune marquis Alberto Caretta, lui demanda s'il voulait avoir l'obligeance de le présenter au marquis Cesareo. Sans faire aucune réflexion désagréable, le signor Alberto s'inclina, et se dirigea vers le salon principal, où le marquis Imperiali causait avec un groupe de nobles Génois du premier collége. Parvenu près de lui, il se tourne, et de la main le désigne à celui qu'il précédait.

L'étranger alors, s'approchant du maître de la maison, le salua avec une grace hautaine, et lui dit en même temps qu'il arrivait d'Espagne, et qu'il apportait à Son

Excellence une lettre du comte d'Altamira, grand de la première classe.

Le marquis Imperiali et le comte d'Altamira avaient été élevés ensemble à l'Université de Pise, et une longue amitié qui datait de l'enfance les unissait. C'était donc une recommandation supérieure qu'apportait l'étranger. Ceux qui étaient là le reconnurent bientôt aux civilités qui lui furent prodiguées par le marquis. Celui-ci voulut qu'il acceptât un appartement dans son palais; mais l'étranger, que le grand d'Espagne avait titré de prince Paléologue(1), s'y refusa obstinément. Il avait, disait-il, à quelque distance de Gênes, une *villa* modeste, où il comptait habiter pendant tout le temps qu'il resterait

(1) La maison des Paléologue, d'origine grecque, a formé plusieurs empereurs de Constantinople et une branche de marquis souverains de Montferrat. Il paraît qu'elle n'est pas encore éteinte.

à Gênes. « Mais, du moins, dit le marquis Cesareo, ne refuserez-vous pas de venir présenter vos hommages à la signora Elphège, ma fille. » L'étranger se récria sur le bonheur qu'on lui procurait, et, suivant le marquis, arriva vers une partie de la salle, où trois personnes, assises sur une ottomane, semblaient se disputer le sceptre de la beauté. La première, Elphège Imperiali, avait une de ces figures douces et prévenantes qui attirent d'abord et retiennent ensuite; blonde, blanche et pure, ses yeux resplendissaient de l'azur du ciel. A sa droite, la signora Victoire Grimaldi relevait avec fierté une tête superbe, rehaussait une taille qu'on oserait comparer à Diane, déesse des forêts; ses cheveux et ses yeux étaient noirs, et son caractère impérieux se peignait sur sa physionomie mobile. La troisième, Marie de Fiesque, exprimait sur ses traits enfantins la naïveté de son ame; son visage arrondi, ses fraîches couleurs, son nez retroussé, ses yeux bleus, sa chevelure châtain foncé, tout en faisait une beauté piquante.

Au nom prononcé du prince Paléologue, les trois jeunes filles portèrent leurs regards vers l'étranger, et toutes les trois, frappées du feu sombre qui sortait de ses yeux, abaissèrent les leurs et les tinrent attachés à la terre. Lui, au contraire, transporté, pétulant, laissait paraître sur son visage l'expression d'un sentiment désordonné qui s'ouvrait dans son cœur.

La fête continua, et les rayons du jour qui dorèrent le sommet des Alpes purent seuls y mettre un terme.

Quelques jours après, Elphège Imperiali se promenait dans les jardins du parc et rêvait mélancoliquement; le prince Paléologue était revenu chez le marquis Cesareo et s'était attaché à faire la cour à sa céleste fille. Elphège, entraînée par un sentiment involontaire, répondait déjà à un amour audacieux. Le prince voulait un rendez-vous, mais il le voulait nocturne et hors des appartements du palais. La jeune fille, à la fois amoureuse et timide, hésitait à l'accorder : elle y rêvait dans ce moment lorsque Paléologue parut. Comment était-il entré dans le jardin? il ne s'arrêta point à le dire; Elphège, trop agitée, ne s'amusa point à le lui demander. Il était seul avec elle, redoublant d'instances, et il obtint que, nuitamment, toute seule, elle quitterait le palais pour aller avec lui dans une chapelle voisine de Gênes, où un prêtre bénirait leur union.

Pourquoi le prince ne s'adressait-il pas au marquis s'il voulait obtenir sa fille? c'est parce qu'un obstacle invincible s'y opposait; la main d'Elphège était promise au comte

Caretta, et le caractère inflexible du marquis ne permettait pas de croire qu'il romprait une alliance contractée sous le sceau de son honneur.

A minuit, Elphège, demandant à l'amour d'augmenter son courage, sortit d'une maison dont, jusqu'à ce jour, elle avait fait la gloire et le bonheur. Éperdue, tremblante et se soutenant à peine, elle allait se laisser choir lorsque le prince parut et la retint comme elle tombait, en lui saisissant avec force le bras, de sa main gauche. Un cri de douleur échappa à la jeune fille; les doigts de cette main, plus durs que le fer, et qui étaient toujours gantés, l'avaient blessée de leur contact énergique.

«Je vous attendais,» lui dit-il d'une voix sourde et presque courroucée.

«Oh! dit-elle, je pensais à mon père, à la douleur que je vais lui causer.

— Et vous ne pensiez pas à votre amant? lui fut-il demandé avec amertume; mais, partons; nous sommes attendus.»

Il dit, et, la saisissant dans ses bras, il l'emporte plutôt qu'elle ne marche, lui fait franchir la ville et les faubourgs, et tous deux atteignent une gorge ténébreuse qui se prolonge en détours effrayants.

«Où allons-nous?» dit Elphège.

«A ma demeure;» et le prince redoublait de vitesse, et des soupirs de feu, échappés de sa bouche, venaient brûler les lèvres de la jeune Imperiali. Bientôt un cimetière se présente devant eux : Elphège le reconnaît, s'épouvante et ne veut point franchir la porte. «Oh! dit-elle, un hymen contracté dans la chapelle des morts est un augure trop funeste.» Le prince alors s'approche de son oreille, et les paroles qu'il lui dit ne furent pas répétées par la jeune fille; car, le lendemain matin, des paysans qui se rendaient à la ville trouvèrent, à l'entrée du cimetière, son cadavre dont on avait arraché le cœur !

Ce fut une épouvantable aventure; elle jeta la consternation dans la ville de Gênes, et la maison Imperiali resta plongée dans un désespoir douloureux. Tant que le deuil du marquis Cesareo dura, et il fut long, le prince Paléologue n'essaya pas de rompre une consigne qui interdisait à tout étranger l'entrée d'un palais où l'on n'entendait que des plaintes, et où des larmes étaient versées journellement.

La signora Victoire Grimaldi aimait le Vénitien Contarino, et souvent elle le recevait à des heures indues et dans le silence de la nuit. L'amour romanesque a un vrai charme pour de jeunes cœurs, ils ne croiraient pas aimer s'ils ne s'environnaient pas de ces formes mystérieuses qui ajoutent tant de prix à l'amour.

Une nuit, Contarino se rendait à ce lieu accoutumé où la belle Victoire venait l'attendre, lorsqu'en traversant la place *della Aqua Verde*, il fut accosté par un personnage de haute taille, soigneusement masqué, qui lui demanda s'il ne pourrait pas rendre un service pressant à un gentilhomme qui, faute d'un second, était obligé d'ajourner sa vengeance. Contarino était amoureux et attendu par sa belle; mais un noble italien ne se refuse pas à l'appel que l'on fait à son courage. Contarino dit à l'inconnu qu'il était prêt à le suivre. Celui-là, sans repartir, marcha d'un pas rapide, s'enfonçant dans la campagne, toujours sans rompre ce silence, qui semblait étrange à Contarino. Ils atteignirent enfin la porte du cimetière qui est déjà connu, et quand ils en eurent franchi l'enceinte, l'homme masqué s'arrêta. « Où sont les ennemis que nous avons à combattre? » dit Contarino.

« Ce sont, lui fut-il répondu, les morts qui te réclament comme leur frère.

— Oh! s'écria le jeune homme en reculant d'un pas et en mettant l'épée à la main ; dans quel piége abominable m'as-tu conduit?

— Faible enfant, répondit l'étranger, est-ce contre les morts que tu veux combattre? » et, sans employer aucune arme, en s'exprimant ainsi, il s'avança vers le noble vénitien, et, saisissant de sa main gauche, qui était toujours gantée, l'épée qu'on lui opposait, la brisa comme du verre, et une lutte horrible commença !!!.....

Victoire Grimaldi attendait son amant ; il devait être auprès d'elle lorsque l'horloge de l'Alberggo (hôpital des pauvres) sonnerait onze heures. Minuit approchait, et Contarino ne venait pas. La jeune Grimaldi était inquiète, lorsqu'elle entendit le signal convenu. Oh! comme alors son cœur battit avec vivacité! Elle jeta, du haut du balcon, l'échelle de soie qui allait servir à son amant pour monter jusqu'à elle. Elle était là, immobile, impatiente, embrasée. Bientôt elle reconnut le chapeau de Contarino, qu'ombrageaient des plumes élégantes; le manteau dont il se servait pour n'être pas reconnu, et qu'il déposait à ses pieds avec tant de joie : c'est lui; il a franchi l'espace, il vient à elle; ses bras s'ouvrent pour le recevoir, sa bouche cherche celle de son amant.... Oh! quels cris!.... quels cris étouffés lui échappent.... Elle respire l'haleine du sépulcre; un fantôme hideux se montre à elle, et de sa main gauche, toujours gantée, les doigts aigus s'enfoncent dans la poitrine de la jeune fille, pour en extraire le cœur qu'il dévore avec avidité....

Ce fut, le lendemain encore, un grand sujet de trouble et d'épouvante pour la ville de Gênes, que le récit, répété mille fois, de ce qui s'était passé pendant cette nuit d'horreur. Le noble Contarino, l'espoir de sa famille illustre, avait été rencontré, gisant et étranglé, dans le cimetière de San-Cyro, et le cadavre de Victoire Grimaldi, souillé par un attouchement sacrilége, offrait le même attentat que celui dont naguère le spectacle hideux avait coûté tant de larmes à la famille Imperiali.

Marie de Fiesque était rêveuse; un sentiment secret régnait dans son cœur. Elle cherchait les lieux écartés, se retirait sous les berceaux d'orangers du palais de sa famille. Là, penchant la tête sur ses belles mains, elle fuyait la lumière du jour pour se trouver en présence d'une lumière plus éclatante, celle dont l'amour remplit notre cœur. Elle aimait le prince Paléologue et s'indignait tout à la fois que lui, toujours brûlant et empressé dans ses discours, reculât constamment une demande qui ne serait pas repoussée.

Les motifs de sa conduite étaient bizarres; il prétendait n'être pas assez aimé, et ses regards de feu, ses discours incohérents mettaient dans l'incertitude sur le véritable état de son ame.

Un soir, à cette heure où la chaleur du jour baisse et fait place à la douce fraîcheur de la nuit, où, près des cascades qui retombent à grand bruit dans les bassins de marbre, et, couchées sur des carreaux de maroquin d'Orient, les dames de Gênes sont plus accessibles aux propos de la galanterie, Marie rêvait : elle était appuyée sur une balustrade d'où son regard embrassait la ville tout entière, les campagnes voisines et les ondes brillantes de la Méditerranée. Une pensée constante l'occupait alors, tandis qu'auprès d'elle un bruit de pas léger se fit entendre. Elle se retourna, et rougit : c'était son amant, c'était le beau Paléologue.

Les derniers feux du soleil mourant coloraient son visage et y prêtaient un éclat extraordinaire en faisant disparaître ces teintes terreuses qu'on y remarquait souvent.

«Vous aurais-je épouvantée?» dit-il.

« Oh! reprit-elle, la terreur n'est pas le sentiment que vous faites naître. Je voudrais pouvoir vous haïr.

— Me haïr! et pour quel crime?....

— Capricieux, volage, dit-elle en s'efforçant de sourire, est-ce raisonnable que de douter de mon attachement?

—Oh! vous autres femmes, vous voulez toujours qu'on ajoute une foi implicite à vos paroles: Je ne suis pas de ces hommes avantageux qui comptent tant sur leur mérite; et quand on dit que l'on m'aime, je voudrais obtenir des preuves de cet amour.

— Vous dire que je vous offre ma main n'est pas assez ? que faut-il encore pour vous en convaincre?

— Je ne sais ce que je demanderais; mais quelque chose me manque..... Pourquoi ne me devinez-vous pas ?

— Si votre cœur est une énigme, ma simplicité n'en saurait trouver le mot; peut-être qu'un gage de ma foi vous serait agréable? Hé! poursuivit-elle, en prenant une des tresses de ses cheveux, si j'avais des ciseaux....» Mais, tout à coup, s'interrompant : « Je veux vous offrir un gage mille fois plus précieux; tenez, prenez ceci, portez-le en mémoire de moi; c'est le dernier présent que j'ai reçu de ma mère. Attachez-y

autant de prix que j'en mis en le recevant.»
Elle disait, et sa main cherchait dans son sein, d'où elle retira une boîte d'or accrochée avec une chaîne de Venise. Déjà ses bras, mollement élevés, allaient passer le riche bijou au cou de son amant, quand lui, qui d'abord ne l'avait pas examiné, pâlit, se recula, poussa un cri qu'il voulut retenir; et, entraîné par une terreur involontaire : « Oh! non, dit-il, oh! non, que ce reliquaire ne m'approche pas!.....

— Que dites-vous, prince?... Quoi! le présent de ma mère, et même encore un fragment du bois sacré de la divine Croix, vous font peur!...

— Écartez-le, écartez-le, je vous en conjure..., sa vue m'épouvante...; oh! dérobez-le à mes regards! »

Et il frissonnait, et tous ses traits se contractaient horriblement. Sa main gauche, toujours si soigneusement gantée, était agitée d'une façon particulière, et son mouvement convulsif en faisait craquer les doigts, comme s'ils eussent été dépouillés de chair.

« Prince, dit la belle Génoise en déguisant le trouble qui s'emparait d'elle, seriez-vous, par hasard, le membre sacrilége d'une de ces sectes impies que notre sainte Église voit avec détestation?

— J'étais..., je suis catholique..., les eaux du baptême coulèrent sur mon front, et j'ai reçu les sacrements, touchante alliance qui unit le fidèle à son Créateur.

—Eh bien! alors pourquoi?... » Et Marie, une autre fois encore, présentait le reliquaire béni à son amant, et celui-ci se reculant encore tout à coup : « Signora, dit-il, vous croyez que je vous suis cher, vous souhaitez m'en donner la preuve? eh bien! il dépend de vous que je l'aie à l'instant même. Lancez ce reliquaire dans la mer, et aussitôt, je vous le jure, nous serons unis irrévocablement.

— Méchant que vous êtes, dit en souriant la jeune fille, pensez-vous que je serais assez simple pour consentir à ce que vous demandez? Ne serais-je pas trop coupable et indigne de votre amour, si je profanais ainsi la sainte Croix? Je vous en veux de cette épreuve; abandonnez-la, et que ce reliquaire porté par vous annonce à toute la ville que je serai bientôt la princesse Paléologue. »

Le prince de plus en plus se montrait agité, une sueur glacée parcourait son corps. On reconnaissait facilement qu'il était mal à son aise; par bonheur pour lui, plusieurs visites arrivèrent successivement. La comtesse Marie dut faire les honneurs du palais, et elle oublia de contraindre Paléologue à accepter le présent qu'elle lui destinait.

Le lendemain était l'un des jours de l'année où sa piété fervente recevait le corps de Notre-Seigneur Jésus-Christ. Malgré la pureté de sa vie si chaste et si retirée, elle alla, avant de s'approcher de la sainte table, chercher au tribunal de la pénitence l'absolution qui lui était si peu nécessaire et que le prêtre lui donnait au nom de Dieu.

Ce matin donc, dès que le premier devoir fut rempli, elle vint se prosterner au pied de l'autel et dans de ferventes prières employa les instants qui devaient s'écouler jusqu'à celui de la communion. Ses yeux étaient fixés sur le tabernacle, d'où l'on retirerait les saintes hosties..... Elle vit ce tabernacle s'ouvrir; des jets d'une lumière vive et resplendissante en partirent, et l'église s'en trouva inondée. Du milieu de ces rayons extraordinaires par leur vivacité et leur couleur, apparut une forme céleste qui, d'abord embryon presque imperceptible, grandissait à mesure que, partie du fond du tabernacle, elle s'approchait des marches de l'autel. Parvenue tout à côté de Marie, elle présenta l'aspect d'un être radieux dont la beauté était sans pareille, et dont les blonds cheveux portaient une couronne de lis et de violettes, symboles de modestie et de chasteté. Six ailes blanches et bleues enveloppaient son corps immortel. Autour d'elle se répandait une odeur suave dont les parfums ravissants n'appartenaient pas aux fleurs de la terre. Cet ange (car quel autre nom donner à ce composé de charmes divers) se pencha vers Marie et lui dit d'une voix si douce que l'on eût cru entendre résonner à son oreille les accents d'un concert immortel :

» Te crois-tu digne de recevoir ton Créateur? Une action sacrilége ne t'a-t-elle point naguère affligée? N'est-ce point être coupable que d'aimer l'ennemi de ton Dieu?»

Ces mots prononcés, l'ange secoue sa chevelure ondoyante, d'où tombent pêle-mêle des roses, des perles et des rubis, puis il s'éloigne, et sans efforts, sans agiter ses ailes embaumées, diminue de grandeur, retourne au tabernacle, s'y enferme, et la vision disparaît.

Marie était penchée la face contre terre, heureuse et terrifiée de la splendeur du spectacle qui venait de lui être offert. Était-ce une vision, un rêve, une réalité? Mais, tandis qu'elle s'interrogeait elle-même, qu'elle repassait les faits antérieurs auxquels le messager céleste avait fait allusion, tout à coup elle se ressouvint du mépris farouche que son amant avait témoigné pour le bois de la Croix. Alors, se levant de sa place, elle revint vers son confesseur et lui raconta naïvement ce qui s'était passé, implorant ses lumières et lui demandant un conseil....

Marie quitta l'église tout en larmes. Pour la première fois on lui refusait la sainte communion. Le prêtre avait parlé, lui avait dicté les règles de conduite dont elle ne devait plus s'écarter. Le même soir, la société, qui se réunissait d'ordinaire au palais Fiesque, avait décidé qu'elle ferait une promenade sur mer. Trente chaloupes élégamment décorées, dont les mâts et les cordages étaient enguirlandés de fleurs, soutenaient des festons de lampes diversement colorées; quatre rameurs, dans un costume élégant et pittoresque, faisaient voguer chaque balancelle sur la plaine liquide. Aucun nuage ne troublait la pureté de l'air. La lune absente laissait resplendir la cour brillante des étoiles : c'était une multitude de feux divins dont la lumière scintillante tremblotait à la face de l'eau.

De temps en temps, des instruments mélodieux répétaient tantôt des symphonies mélancoliques, et tantôt des airs de chasse vifs et guerriers. Au milieu de la flottille, une felouque gigantesque formait la salle du bal. Là on danserait, après une promenade, où chaque couple seul avec les rameurs dans des balancelles se serait disputé le prix de la course.

Le but que l'on devrait atteindre était les colonnades élégantes du vieux palais Doria, dont les dernières terrasses sont mouillées par les flots de la mer. Là une collation était préparée sous ces portiques décorés d'arbustes rares et précieux. Après le souper on rentrerait dans la grande felouque; tandis que l'on danserait, un feu d'artifice serait tiré près de la Lanterne.

Jamais collation mieux ordonnée n'avait inspiré plus de contentement. Les cœurs ressentaient à la fois la double ivresse qu'inspirent l'amour et Bacchus. Le prince Paléologue, assidu aux pieds de la comtesse Marie, avait obtenu la faveur désirée d'être son sigisbé ce soir-là. Fier de cette distinction flatteuse, il devait lui donner la main pour entrer dans la barque. Il y avait presse sur la berge, et dans ce tumulte auquel ajoutaient les fumées des liqueurs bues en abondance, le prince présenta la main gauche : à peine Marie l'eut touchée de la sienne, qu'il lui sembla qu'une douleur aiguë s'en élançait et parcourait tout son corps :

» Qu'avez-vous, dit-elle, à cette main, pour l'avoir toujours ainsi couverte? et pourquoi son contact est-il brûlant?

—Vous vous trompez, » répondit le prince; et un embarras manifeste parut sur ses traits.

« Je gage, repartit la jeune fille, que si

je la touche une autre fois j'éprouverai le même mal.

— Je me garderais bien, dit le prince, si la chose était possible, de vous exposer à une commotion douloureuse, moi qui ne veux que votre bonheur.

— Vous le voulez..., et pourtant, encore hier, vous avez refusé un don qui m'alliait à vous irrévocablement.

— Ah! signora, dit le prince avec impatience, pourquoi revenir sur un sujet qui vous est désagréable?

— Il est vrai que je vous voudrais plus de piété, et non ce libertinage d'esprit qui annonce un homme enfoncé dans les impiétés modernes.

— En revanche, signora, vous êtes toute livrée aux superstitions de ceux qui, pour leur avantage personnel, étendent sur la terre l'empire de la superstition.

— Oh! prince, que vous me faites de la peine, et que je désirerais vous voir changer!

— Mais il dépend de moi de le faire.

— Superbe, dit la comtesse en se levant, rentre dans les chaînes dont tu veux sortir malgré Dieu! «Et, tandis qu'elle parlait ainsi, sa main agile, cachée sous les vastes plis du mezzaro génois, détachait le reliquaire suspendu à son cou, et par un mouvement aussi rapide qu'adroit le passait autour de celui du prince.

Paléologue poussa un cri; mais quel cri épouvantable!... des clameurs horribles y répondirent dans les airs et sous les eaux; des ténèbres profondes couvrirent l'espace. La foudre, accompagnée d'éclairs livides, serpenta dans les airs et vint s'étendre sur les flots : ceux-ci, soulevés à leur tour, mugirent affreusement jusque dans leurs cavités les plus reculées; et tous les convives d'une fête ainsi troublée, cessant de songer aux plaisirs, tombèrent à genoux, implorant le Dieu de miséricorde.

Mais le prince....., le prince!....; quelle décomposition rapide sur tous ses traits!.... quelles convulsions multipliées le saisirent, entraîné par sa rage furieuse!..... Deux fois sa main gantée essaya de saisir le cou de la comtesse Marie, afin de l'étrangler dans sa colère; mais deux fois il aperçut distinctement l'ange qui, dans l'église, était venu au secours de la jeune fille, et qui, cette fois-ci, ne lui manqua pas non plus.

Mais la tempête ne s'apaisait pas. Des légions d'esprits immondes, de démons affamés apparaissaient sur chaque mât et se suspendaient à chaque cordage. Partout la mort se montrait menaçante et prochaine. Chaque cœur était glacé d'effroi : un seul demeurait calme, celui de la comtesse. Instruite de ce qu'elle avait à faire par les conseils que lui avait donnés son confesseur, elle présentait aux divers fantômes qui l'environnaient un autre reliquaire qui renfermait aussi une parcelle du sacré bois.

Enfin le démon qui habitait dans le corps impur de Paléologue dut l'abandonner, forcé qu'il fut par le contact de la relique sainte. Il disparut en poussant des hurlements qui firent trembler Gênes, la mer et les montagnes voisines; et quand il fut parti on vit gisant, au fond de la barque, un cadavre hideux à moitié dévoré des vers qui déjà, ayant commencé leur travail par la main gauche, l'avaient entièrement réduit en état de squelette, et de telle sorte que le démon dans sa puissance n'avait pu la recouvrir de chair humaine. On s'en empara à l'aide d'un croc (car le toucher autrement eût été se souiller à jamais) et on le lança au milieu des flots. Dès qu'il y fut tombé, les esprits impurs n'eurent plus de pouvoir; vaincus qu'ils furent, ils s'échappèrent, dévorés de honte et de désespoir.

La jeune vierge, touchée de la grandeur du péril qu'elle avait couru, crut qu'elle ne pouvait prendre d'autre époux que le divin fils de celle dont elle portait le nom. Et, remplie de piété, elle alla ensevelir dans un saint monastère tant de beauté et de vertus.

Une consternation bien légitime s'empara de la ville de Gênes à la nouvelle de ce terrible événement; on eut alors la clef de la cause inconnue qui avait coûté la vie aux comtesses Elphège Imperiali, Victoire Grimaldi, et au noble Vénitien Contarino. Ce coup affreux répandit une frayeur qui, cette fois, ne reposait plus sur une tradition superstitieuse, mais bien sur une réalité horrible : un mouvement religieux conduisit toute la ville dans les églises; on implora l'assistance divine; on alla en procession, dans tous les cimetières de la cité, les purifier par des prières, des exorcismes et l'apport de plusieurs corps saints. On n'entendait plus parler que d'apparitions : plusieurs dirent avoir ouï des voix nocturnes qui menaçaient le peuple de la colère du Ciel. Aussi les offrandes augmentèrent de nombre et de valeur, et les églises génoises s'enrichirent en conséquence de cet évènement qui, interprété de diverses manières, ne fut jamais bien expliqué.

La Messe du mort.

J'ai lu le fait suivant dans les archives de l'ancienne basilique abbatiale de Saint-Saturnin de Toulouse : c'est l'église la plus auguste parmi toutes celles de la chrétienté, par le grand nombre de reliques qu'elle renferme. On y compte les corps de plusieurs saints apôtres, de sainte Suzanne de Babylone, de saint Cyr, de saint Justin, de saint Edmond, roi d'Angleterre. Il y a aussi des pierres dont on se servit pour lapider saint Étienne le premier martyr ; et, enfin, une épine sanglante détachée de la couronne de Notre-Seigneur Jésus-Christ.

La basilique est vaste et a cinq rangs de nef; elle renferme des cryptes qui s'étendent démesurément sous terre : elle est bâtie au dessus d'un lac dont les eaux sont encore visibles dans la profondeur des souterrains.

Or donc, l'an de grâce 1238 et étant, régnant très haut et très puissant prince Raymond VII, par la grâce de Dieu, duc de Narbonne, marquis de Provence et comte de Toulouse :

Un pauvre charpentier, nommé Simon Ruphat, avait, pendant toute sa vie, pratiqué les instructions pieuses qui préparent les hommes aux délices du ciel. Il priait, jeûnait, visitait les malades et les prisonniers, faisait des aumônes abondantes et tellement que lui-même se réduisait à la mendicité pour secourir les autres. Chaque matin, il entendait la messe dans sa paroisse de Saint-Saturnin; chaque soir, il assistait à l'office, dans une des maisons religieuses dont Toulouse la sainte abonde; il avançait dans sa carrière, et s'il était petit devant les hommes, il était bien grand vis à vis de Dieu.

Un soir que, prosterné dans la basilique de Saint-Saturnin, il y priait avec une ferveur inaccoutumée, il tomba dans un engourdissement dont il ne put s'apercevoir. Quand il revint à lui, des ténèbres profondes couvraient l'église éclairée néanmoins imparfaitement, çà et là, par les lampes qui brûlent sans cesse devant les autels privilégiés.

La nuit devait être avancée. Simon Ruphat se leva, et, moitié à tâtons, moitié conduit par la lueur des lumières, il alla se convaincre par lui-même que toutes les portes de l'église étaient soigneusement fermées.

Son parti fut bientôt pris : il savait que les chanoines du chapitre de l'ancienne basilique abbatiale viendraient à cinq heures du matin réciter l'office; en conséquence, il se résolut à les attendre dans les prières et les méditations. Minuit sonna bientôt après. Il ne se détourna point de son état d'oraison, et la poursuivit jusqu'au moment où le timbre frappa de nouveau une heure.

Ici, soudainement une lumière rougeâtre illumina l'église, et les orgues se mirent à jouer elles-mêmes un air si mélancolique qu'il y avait de quoi en pleurer. Simon Ruphat entendit distinctement ouvrir la porte de la sacristie. Bientôt un bruit de pas résonna sous les nefs latérales, et Simon Ruphat vit alors s'avancer vers lui un prêtre revêtu des ornements sacerdotaux, puis se diriger vers un autel voisin. Là ce prêtre, déposant sur la sainte table son calice, redescendit à la dernière marche, et, faisant le signe de la croix, commença le saint sacrifice en disant : *Introibo altara Dei in Deum qui lætificat juventutem meam...* Ici il attendit pendant un peu de temps, et puis élevant la voix : « N'y a-t-il personne ici qui veuille me servir la messe? » Nul ne lui répondit. La terreur avait glacé Simon Ruphat qui avait bien reconnu que c'était un squelette qui revêtait la chasuble. Celui-ci, une seconde fois, fit le signe de la croix, et puis répéta : *Introibo altara Dei in Deum qui lætificat juventutem meam...* Il se tut encore, prit patience, puis d'une voix émue, dit ainsi : « Est-ce qu'il n'y a personne ici qui veuille me répondre la messe! » Nul ne lui répondit, et moins Simon Ruphat, parce qu'il avait pu s'apercevoir que c'était un squelette qui avait revêtu la chasuble.

Le prêtre derechef poussa un profond soupir, monta vers l'autel, prit le calice et le corporal bien dévotement, et, d'un pas grave et mesuré, s'en revint à la sacristie. Simon Ruphat en entendit les portes se refermer... La lumière rougeâtre qui éclairait l'église disparut, et Simon Ruphat s'évanouit de frayeur.

L'office du matin était commencé depuis longtemps, lorsque le pieux charpentier revint à lui. Il n'osa ou ne voulut faire part à personne de l'apparition dont il avait été témoin. Il s'en retourna chez lui, pensif et fort épouvanté. Plusieurs jours se passèrent : les souvenirs de cette nuit terrible ne cessaient de le fatiguer. Il y avait des instants où il s'en voulait de n'avoir pas répondu à l'appel du prêtre squelette, et où il se demandait si, en refusant de servir sa messe, il ne s'était pas rendu coupable devant Dieu.

Au bout de la semaine, et le vendredi d'après arrivant, il ne put vaincre une force intérieure qui le poussa vers l'église, et qui lui commanda d'y passer la nuit.

Simon Ruphat obéit : il s'était préparé à cette action par le jeûne et par la prière. Cependant, à mesure qu'il approchait de l'instant fatal, son courage l'abandonnait, et plusieurs fois il fut tenté d'aller frapper à la porte du carillonneur, afin de pouvoir s'échapper. Dans ces fluctuations d'inquiétude et d'irrésolution, une heure sonna. La même clarté rougeâtre illumina l'église. Les battants de la porte de la sacristie roulèrent sur leurs gonds avec le même bruit; les cierges du maître-autel s'allumèrent, et le pas lent et lourd du prêtre de la nuit se fit entendre. Il approcha, parut aux regards du charpentier qui s'était caché derrière un pilier, monta à l'autel, posa le calice, redescendit, fit signe de la croix, en répétant le premier verset du psaume qui sert d'introduction au sacrifice.

C'était là le moment pour Simon Ruphat de s'avancer; mais, malgré la résolution qu'il avait prise, son énergie disparut devant l'effroi. Il se tint coit et muet, et le prêtre dit encore : Y a-t-il ici quelqu'un pour me servir la messe?

Celui qui l'écoutait demeura immobile, et le prêtre poussa de formidables et douloureux soupirs; reprit le chemin de la sacristie, ainsi qu'il le faisait depuis tant de siècles.

Quand il eut disparu, le charpentier se querella de son indigne lâcheté, et cette fois promit solennellement à Dieu que, s'il revoyait encore ce misérable pénitent, il l'aiderait à commencer l'acte qui, sans doute, devait finir son supplice.

En effet, la nuit suivante, Simon Ruphat retourna veiller à son poste, mais il ne vit rien. La nuit qui suivit encore fut également solitaire. A la huitième et dans celle du vendredi au samedi, le prodige que nous avons décrit s'opéra. Néanmoins Simon Ruphat ne s'avança vers le prêtre défunt que lorsque celui-ci eut fait sa demande accoutumée. Alors le bourgeois toulousain s'approcha de l'autel et servit la messe, ainsi que l'aurait servie un vrai clerc. Il osa même, tant un chrétien est fort quand il a pris une résolution par charité et par amour de Dieu, recevoir la communion de cet étrange ecclésiastique. La messe terminée, l'officiant fit à son acolyte un profond salut, et, d'un pas plus dégagé, regagna la sacristie. Simon Ruphat passa le reste de la nuit à dire des oraisons, des prières et des litanies, et à méditer sur l'immense idée de la puissance divine. Quand le jour prochain parut, il se sentit plein de vigueur, et, dans son travail ordinaire, jamais il ne fit meilleur ouvrage avec plus de rapidité.

L'heure de se coucher était venue, et son devoir religieux rempli; il entra dans le lit et y chercha le sommeil. Il fut bientôt réveillé par le contact d'une main décharnée qui le toucha sur le haut du bras droit. Il s'éveilla, se leva sur son séant, et, sans qu'il vit personne, une voix grave et qu'il reconnut bien lui dit :

« Simon Ruphat, maître-charpentier de la ville de Toulouse, dite la Sainte, je viens te remercier du service important que tu m'as rendu. Il y a quatre cent soixante-trois ans que je suis décédé. Un pauvre homme qui avait commis un péché, et à qui, pour expiation, on avait ordonné de faire dire une messe, vint s'adresser à moi à cet effet. Je pris l'argent, et je ne la dis pas. Lorsque, après la séparation de mon ame et de mon corps, je parus devant le souverain juge, il me fut ordonné, en expiation de ma faute, de revenir chaque nuit du vendredi dans l'église de Saint-Saturnin-de-Toulouse, jusqu'à ce que je trouverais quelqu'un assez hardi pour me servir de clerc. Mes souffrances étant affreuses, tous ceux qui me voyaient fuyaient avec horreur, ou ne me répondaient pas. Enfin, tu l'as fait, ma tâche est remplie, et je vais entrer en possession de la place qui m'est réservée dans le ciel. Je voudrais te prouver ma reconnaissance, forme un désir, je l'accomplirai.

— Ah! saint prêtre, répondit Simon Ruphat, sans prendre le temps de réfléchir, la mort nous surprend toujours à une heure imprévue; je voudrais connaître la mienne trois mois avant qu'elle arrivât.

— Dieu te fera cette grâce,» répondit le fantôme, qui disparut aussitôt.

Le lendemain Simon Ruphat, ayant par hasard regardé à l'endroit où le prêtre mort l'avait touché, vit les cinq doigts de la main du squelette profondément empreints dans la chair.

Plusieurs années s'écoulèrent; il prospéra dans ses entreprises, il fut heureux. Ses amis aimaient à l'avoir avec eux. Un jour qu'avec ses enfants et plusieurs bons bourgeois de la ville il était à sa maison de campagne à se réjouir, il entendit frapper cinq coups à l'intérieur d'une petite chambre située auprès de la salle où l'on mangeait; il la savait soigneusement barricadée dans ses fenêtres; et comme, d'ailleurs, il en avait la clef sur lui, il s'étonna de ce cas extraordinaire, d'autant plus qu'il lui parut que tous ceux qui étaient là présents n'avaient rien ouï.

Cinq autres coups furent toqués, et encore, ensuite, toujours sans que nul n'y fît attention. Oh! pour cette fois-ci, il comprit qu'il se passait quelque chose qui devait l'intéresser particulièrement. Il ne balança pas à répondre aux sortes d'appel qui lui étaient faites. Il se leva de table en priant ses convives de ne point se déranger. Il ouvrit la porte et entra dans la petite chambre. Là il vit distinctement le prêtre auquel il avait servi la messe, et qui disparut après lui avoir dit : « *Dans trois mois.* »

— Que la volonté de Dieu soit faite, répondit Simon Ruphat; c'est lui qui m'a donné la vie, il est le maître de la reprendre. »

Il revint au repas commencé et l'acheva avec la tranquillité d'un homme de bien, qui chaque jour règle sa conduite pour se préparer à partir quand le ciel le voudra.

Simon Ruphat fit son testament, partagea ses biens entre ses enfants, paya ses dettes, libéra ses débiteurs, et, les choses de ce monde étant faites, il ne s'occupa que de son avenir.

La fièvre le saisit; les médecins déclarèrent le danger. On lui apporta les derniers sacrements. Il venait de recevoir le saint-viatique, lorsque tous les assistants, clercs et séculiers virent entrer dans la chambre un squelette revêtu des habits sacerdotaux, qui s'approchant du moribond :

« Mon frère, dit-il, j'ai charge de vous conduire, il faut partir. » Au même instant, il disparut, et Simon Ruphat rendit l'ame.

On exprimerait difficilement le degré de frayeur mondaine et de consternation religieuse qu'une scène de ce genre fit naître d'abord dans le cœur des parents de Simon Ruphat, puis des assistants et dans le reste de la ville pieuse, aussitôt que la nouvelle en fut répandue, corroborée de tant de témoignages respectables.

On vit dans ce fait extraordinaire un miracle éclatant, une preuve de la sainteté du défunt, surtout lorsque, après avoir fouillé dans ses papiers, on eut découvert trois feuilles de parchemin sur lesquelles il avait écrit de sa main sa merveilleuse aventure.

Les capitouls et le corps de ville, une députation de la cour auguste du parlement de Toulouse, les diverses paroisses, le chapitre, insigne de la cathédrale de Saint-Étienne, celui de Saint-Sernin, les confréries, les ordres monastiques et une multitude innombrable de fidèles assistèrent à ses funérailles. On prétendit qu'à minuit de la nuit suivante, une messe fantastique avait été célébrée pour Simon Ruphat, mais en action de grâces, dans la vénérable basilique, où lui-même avait délivré des tourments d'une pénible pénitence, par sa dévotion ferme, un prêtre infortuné et repentant.

Une Aventure de Louis XIV.

C'était le jour où le contrôleur général des finances, M. de Colbert, avait déclaré à Sa Majesté très chrétienne, par la grâce de Dieu, roi de France et de Navarre, que les travaux de Versailles étaient terminés. Le monarque charmé passa plusieurs heures à visiter l'intérieur du château et les jardins en dehors. C'était autour de lui à qui vanterait le plus la magnificence de la grandeur des travaux; et tous assuraient que la gloire qui en reviendrait au roi traverserait les siècles.

La nuit survint et le jeu des portiques fut établi dans la grande galerie superbement illuminée. Les seigneurs et les dames de la cour faisaient foule; et chacun, par la somptuosité de ses vêtements, cherchait à mériter le prix de la richesse et du bon goût. Le roi satisfait errait à travers les groupes, lorsqu'en s'approchant d'une fenêtre il entendit une exclamation de terreur échappée à quelqu'un qu'il ne voyait pas, à cause que les grands rideaux de velours étaient rabattus, mais dont il reconnut la voix: c'était le célèbre Bossuet, évêque de Meaux.

Le roi étonné passa derrière le rideau, tandis qu'il fit signe à son capitaine des gardes et au premier gentilhomme de la chambre de service de ne pas faire comme lui.

« Qu'avez-vous donc, monsieur de Meaux?

— Ah! sire, répliqua l'illustre orateur, le roi m'excusera lorsqu'il aura vu comme moi le spectacle épouvantable qui frappe mes yeux en ce moment. » Et du doigt il montra au roi, à travers les vitres de la croisée, le grand parterre où la lumière de la lune éclairait suffisamment; là, une femme gigantesque, ayant la tête coiffée d'un bonnet pareil à celui des anciens Phrygiens et dont la robe était bariolée de trois couleurs, allait çà et là, tenant à la main une faux démesurée dont elle brisait ou renversait les statues, les vases, les arbres, les colonnes et tous les monuments qu'on pouvait apercevoir. Ne trouvant plus de ravage à faire, elle se tourna vers le château; et se mit en mesure de le démolir. Le roi, terrifié de la solennité épouvantable de cette vision, serra la main du prélat dans la sienne : « Si Dieu le veut, dit-il, ma puissance n'y pourra mettre obstacle.

— Sire, répondit Bossuet, cette résignation sera d'un grand prix envers la Providence.

Louis XIV rentra dans la galerie calme et impassible.

Ni l'un ni l'autre ne turent ce qu'ils avaient vu. D'autres qu'eux avaient aperçu le fantôme; et son apparition fut longtemps le sujet des conversations de Versailles et de Paris.

Le Contrat retrouvé.

Le comte de Thézan, l'un des plus grands seigneurs de la province du Languedoc, était fort aimé de ses vassaux; ses vertus et sa bienfaisance lui gagnaient tous les cœurs. Un de ses voisins, le marquis de Seissac, lui intenta tout à coup un procès pour une terre dont ce dernier voulait s'approprier la meilleure partie. M. de Thézan, certain de son bon droit, ne se tourmenta guère de l'attaque qui lui était adressée, et laissa entamer l'instance ; mais, lorsque son avocat lui eut demandé communication des titres sur lesquels il se fondait pour tenir la terre, on eut beau les chercher, on ne les retrouva plus. Le chartrier fut en vain mis sens dessus dessous, les maudits papiers échappèrent à toute investigation. Or, de leur production, dépendait le gain ou la perte du procès ; le comte était désolé.

Ses vassaux, instruits de ce qui lui arrivait, demandèrent à leur curé des prières de quarante heures, et, dans chacune de ses seigneuries, on pria Dieu pour que les titres se retrouvassent. Une nuit que le marquis dormait profondément, il fut réveillé par une figure extraordinaire qui lui dit : Le contrat de vente de la terre que te dispute le marquis de Seissac n'a jamais été dans tes archives, il est demeuré dans les donations de Jean-Joseph Ferrier, notaire de Narbonne; or c'est moi qui ai passé ce contrat il y a cent quarante-trois ans; celui qui a mes registres aujourd'hui et que je viens de nommer te les donnera; rends grâce au bien que tu as fait à tes vassaux, tu lui dois le miracle qui se fait en ta faveur. » Le fantôme disparut.

M. le comte de Thézan, surpris de ce qui venait de se passer et ne pouvant l'attribuer à un songe, appela ses gens, se fit apporter de la lumière, écrivit sur-le-champ, sa mémoire étant encore fraîche, les renseignements qu'on lui avait donnés si extraordinairement. Le lendemain, il alla à Narbonne dont il était peu éloigné, et s'étant présenté dans l'étude de M. Ferrier, celui-ci lui dit en le voyant : « Je sais, monsieur le comte, pourquoi vous venez, c'est pour un contrat passé il y a cent quarante-trois ans par mon prédécesseur de cette époque ; il est venu lui-même m'en instruire cette nuit. M. le comte de Thézan, encore plus surpris de cette aventure que de la sienne, raconta au notaire ce qui lui était arrivé, prit ensuite une expédition du contrat et gagna son procès.

La Dame de nuit.

Le jeune comte de Maurand avait soupé dans Toulouse, sa patrie, en partie de plaisir avec ses amis. Le vin échauffa sa tête, et dans un transport frénétique il s'écria : « Que « n'avons-nous une femme ici ! fût-elle l'épouse de Satan en personne, j'en passerais ma fantaisie. »

Minuit sonna, c'était l'heure où chacun rentrait chez soi. Le comte de Maurand et deux des ses amis, qui logeaient dans le même quartier (la rue des Nobles), quittèrent la compagnie qui restait encore attablée dans la rue Gourmande, et prirent le chemin de leur quartier; comme ils traversaient la Pierre (marché principal de Toulouse), ils virent devant eux une femme que précédait une manière de page qui portait à la main un falot. Le comte de Maurand, laissant en arrière ses deux camarades, pressa le pas et vint rejoindre cette créature qui semblait chercher une bonne fortune. Elle était jolie, brune, blanche et gracieuse. Son corps était charmant. Une robe de soie jaune, un mantelet de taffetas gris brodé d'un point d'Argentan, un manchon de marte, formaient sa parure. M. de Maurand, s'approchant d'elle, s'écria sur le danger que courait une aussi jolie femme à pareille heure dans les rues de Toulouse. Elle répondit en minaudant, la conversation s'engagea ; l'étrangère, après plusieurs simagrées, finit par accepter la main du comte qui, disait-il, voulait la ramener chez elle.

Ils traversèrent une grande partie de la ville, et arrivèrent, par plusieurs rues détournées, jusqu'à la rue de *Las Crosé*, alors presque entièrement inhabitée, et où l'on trouvait des champs labourés.

Là, s'élevait une petite maison qui paraissait nouvellement bâtie. Le page ouvrit la porte, et à l'instant où la dame et le comte allaient la franchir, les deux amis de celui-ci, pressant le pas, arrivèrent. Le comte de Maurand demanda à la belle étrangère la permission de lui présenter ses camarades : elle les accueillit gracieusement, et tous ensemble pénétrèrent dans une salle basse assez proprement décorée de tapisseries et d'un meuble complet de damas jaune.

Il commençait à faire froid; le page alluma un grand feu. La dame, après avoir quelque temps soutenu la conversation, passa dans sa chambre, qui était voisine, afin, dit-elle, de quitter sa parure de ville. Le comte, rempli d'audace, s'y rendit peu après, en ayant soin de fermer la porte. Cette pièce, encore, était toute jaune : M. de Maurand en fit la remarque et s'en étonna; mais s'étant aperçu que la maîtresse du lieu était brune, il comprit le choix de la couleur générale.

La dame se récria d'abord sur son insolence; il commença par demander pardon, et puis osa manquer de respect à l'inconnue. La résistance fut assez longue; mais comme il était pétulant et prodigieusement fort, il triompha d'une femme faible et délicate.

Après de longs moments pendant lesquels il avait cru être heureux, il se mit à solliciter, pour ses amis, les faveurs qu'il avait obtenues. Ici, nouveaux combats, nouvelles résistances de la part de la dame, et, de la sienne, autre victoire. Il obtint le consentement qu'il désirait, s'en alla au salon les instruire de leur bonne fortune, et, successivement, chacun s'en revint visiter cette dame qui paraissait de si bonne volonté.

On finit par la ramener dans le salon, et on parla de souper. « Je le veux bien, dit-elle, et quoique vous m'ayez prise au dépourvu, je me charge de vous faire faire une chère telle que jamais vous n'en avez eu l'idée; mais, poursuivit-elle, avant de nous mettre à table, à qui croyez-vous avoir eu affaire?

— A une femme charmante, s'écrièrent-ils tous trois, à un ange de douceur, de bonté et de complaisance.

— Vous vous trompez, répondit-elle froidement, c'est avec la charogne d'une voleuse pendue il y a trois semaines.

— Oh! s'écrièrent-ils ensemble, quelle horrible plaisanterie!

— C'est la vérité tout entière, reprit-elle avec encore plus de calme; et vous en convaincre sera facile. » En disant ces mots, elle troussa sa cotte par dessus sa tête, en laissant son corps à nu. C'était un épouvantable mélange de chairs affreusement dévorées par les vers et les oiseaux de proie, et dont l'odeur infecte se répandait à l'entour.

Au même instant, la maison disparut. Les trois gentilshommes, frappés de mort, furent rencontrés, une heure et demie après, par la patrouille du guet, qui les trouva couchés dans un cloaque, où deux avaient déjà perdu la vie. Le comte de Maurand, qui respirait encore, put raconter ce qui s'était passé, et, avant le lever de l'aube, lui-même avait cessé de vivre.

Le Fantôme rancunier.

Le soleil venait de se coucher, et les crêtes élevées de la montagne Noire se revêtaient déjà des teintes obscures dont la nuit devait les couvrir. Du côté du midi, les nuages épais, d'où s'échappaient des éclairs livides, annonçaient la tempête nocturne. Le brave Didier, levant les yeux pour chercher un asile contre l'orage prochain, aperçut, sur la cime d'un roc, le fort château d'Arnaud de Voisins, baron de Saint-Félix; il pousse son cheval vers la barrière, ses écuyers sonnent du cor. A ce son, le Nain placé sur le donjon se hâte de répondre, et le châtelain du baron, suivi de gens d'armes, vient recevoir le noble chevalier qui réclamait l'hospitalité.

Didier fut introduit dans la grande salle, où bientôt Arnaud vint le féliciter de son arrivée. Le nom de Didier était connu comme proche parent du comte de Toulouse; il possédait, sur les rives de l'Ariége (1), plusieurs terres considérables dont il était le seigneur suzerain : ses exploits le faisaient regarder

---

(1) Rivière du Languedoc qui roule de l'or dans ses sables.

comme un des plus braves chevaliers de son temps. Sa beauté mâle, unie à sa générosité, lui gagnait le cœur des belles Languedociennes. Il allait, de la part de son cousin, le comte Raymond, trouver le vicomte de Carcassonne, pour l'engager à se croiser avec les seigneurs toulousains, lorsque l'approche d'un orage lui fit rechercher une retraite dans les murs de Saint-Félix.

Arnaud, auquel il apprit le but de sa mission, se plaignit de ce que les infirmités de son âge se réunissaient pour l'empêcher de se joindre à la troupe valeureuse qui partait dans le dessein religieux d'arracher des mains des Infidèles la tombe sacrée de la ville sainte.

Il invita le jeune Didier à se reposer chez lui, et voulut qu'il suspendît son voyage pendant quelques jours. Didier allait se refuser à cette invitation, lorsque la vue de la belle

Sancie arrêta dans sa bouche le refus qu'il voulait prononcer. Sancie avait seize ans, sa beauté venait d'éclore. Les troubadours de la province, depuis plus d'une année, célébraient déjà ses attraits dans leurs sirventes galants (1). Armin, barde fameux d'Écosse (2), l'avait instruite dans l'art de la poésie. Souvent, pendant les banquets splendides où son père invitait les chevaliers du voisinage, ses doigts, errant avec légèreté sur la guitare, accompagnaient ses accents sublimes. Tour à tour elle formait des chants légers, des hymnes victorieuses sur les hauts-faits de l'auteur de ses jours. Sancie joignait, aux talents qui ornent l'esprit, les graces qui parent la beauté. Un seul défaut

(1) Sirventes, nom que l'on donnait alors aux poèmes des troubadours.
(2) Les bardes étaient les poètes du Nord. Ullin, Armin, Ossian furent les plus fameux.

gâtait cette réunion de charmes. Sancie était légère, et son cœur n'était pas fait pour garder cette fidélité si désirée et si précieuse dans ces temps antiques.

Didier, à son aspect, tressaillit. Sancie, pour la première fois interdite, baisse les yeux, rougit et balbutie avec peine les compliments d'usage. Qu'elle fut douce et pénible, tout à la fois, cette soirée!... Assis à la même table, ils buvaient à longs traits le poison de l'amour; leurs yeux ne se quittaient que pour se rechercher encore, et leurs cœurs, sans se parler, savaient déjà s'entendre.

A l'heure où la clepsydre (1) eut annoncé le moment de la retraite, Arnaud conduisit Didier dans la chambre qui lui était destinée. Là, tous deux burent le vin du cou-

(1) Horloge d'eau.

cher (1), et le baron se retira pour laisser reposer son hôte. Mais le sommeil fuyait les yeux du beau chevalier; l'image de la jeune Sancie se retraçait vivement dans son imagination. Il voyait son sourire, il entendait sa voix argentine, et se répétait à lui-même les mots qu'elle avait prononcés, et que sa mémoire, sans efforts, avait retenus.

Sancie, de son côté, n'était guère plus tranquille; son jeune cœur, ému pour la première fois, battait avec force au nom de Didier, qu'elle répétait avec délice. Son existence, jusqu'alors uniforme, prenait une nouvelle vie; les prestiges séducteurs des premières illusions de l'amour se présen-

---

(1) Lorsqu'on recevait un étranger de distinction, on avait coutume de lui présenter, au moment où il allait se coucher, un verre de vin chaud, ou d'hypocras, que l'on partageait avec lui. Cet usage existe encore dans quelques provinces méridionales.

taient à ses idées, qui les embellissaient encore; elle voyait s'ouvrir devant elle une carrière brillante nouvellement décorée de fleurs fraîches et vermeilles. Funeste ignorance!... Ah! si elle avait su que, ainsi que la durée des roses, l'amour ne vit qu'un instant, elle aurait peut-être évité le funeste précipice qui lui cachait les guirlandes dont la route était parsemée.

Le sommeil la surprit en pensant à Didier; un songe fantastique le retraça à sa pensée : elle le voyait à ses genoux, il lui jurait une fidélité constante; elle croyait aux serments de son ami. Sancie en était à son premier amour! Sancie, de son côté, lui répétait qu'elle serait toujours fidèle. O bonheur! elle se voyait près des autels avec l'objet de son choix, quand un corps armé et sanglant, par son aspect hideux, trouble la cérémonie. Cette image affreuse éveille la fille d'Arnaud; elle se rendort, et trois fois le même songe vient attrister son ame.

Le lendemain, Sancie était pensive; mais la vue de Didier dissipa les sombres nuages dont sa pensée s'enveloppait. Arnaud, voulant retenir le neveu du comte de Toulouse, le pria vivement de l'accompagner à la chasse. Didier, qui ne désirait qu'un prétexte pour suspendre son voyage, accepte l'invitation. Sancie veut les suivre, et bientôt se montre dans le costume le plus séduisant. A la place des souliers à la poulaine (1), un brodequin bleu brodé d'argent dessinait une jambe fine et légère; sa robe, attachée aux genoux par une agrafe de saphir, se relevait avec grace; une ceinture, émaillée de bleu et de blanc, pressait une taille de nymphe; et,

---

(1) Sorte de souliers à soc recourbé qui venaient, par le moyen d'une chaîne, s'attacher aux genoux.

sur sa tête, un réseau d'or retenait captifs de superbes cheveux noirs qui s'échappaient à grosses boucles. Suivie de ses femmes, montée sur son palefroi, Sancie marche au rendez-vous, à côté de Didier. L'amour malin se préparait à leur tendre un piége, et le perfide osait alors se rappeler la grotte de Didon. Lancé par les chiens et fuyant les piqueurs, un sanglier énorme cherche au loin une retraite : chacun se hâte de le suivre. Sancie, emportée par la vitesse de son destrier, perd de vue sa suite et le reste de la chasse. Fatiguée d'une course trop prolongée, elle cherche des yeux un endroit favorable au repos. Dans un lieu écarté du bois, un ruisseau coulait mollement sur un lit de cailloux que variaient les plus vives couleurs.

Le gazon touffu se cachait sous le nombre des fleurs champêtres : un rossignol, perché sur un tilleul voisin, troublait seul, par son ramage mélodieux, le calme profond de cette retraite délicieuse. Sancie descend de son palefroi, et, couchée au pied d'un saule, après s'être abandonnée quelque temps à ses rêveries, chanta la chanson que je transcris :

Le jeune et folâtre Zéphyre
Déjà vole parmi les fleurs ;
Orné de brillantes couleurs,
Flore sourit à son empire.
Tout semble chanter le plaisir,
Dans la nature tout respire ;
Mais, dans mon cœur qu'amour déchire,
La paix ne veut pas revenir.

Dans ce bocage solitaire,
Cherchons un remède à nos maux ;
Mais comment trouver le repos
Quand la blessure nous est chère !
Peines d'amour viennent s'offrir,
Mon ame faible les désire ;
Et, dans ce cœur qu'amour déchire,
La paix ne veut point revenir.

> Tendres oiseaux, dont le ramage
> M'annonce le riant bonheur ;
> Ruisseau, dont la douce fraîcheur
> Donne la vie à ton rivage :
> Soyez heureux, sachez jouir ;
> Fuyez un pénible délire.
> Là, dans mon cœur, qu'amour déchire,
> La paix ne veut point revenir (1).

Après avoir chanté, son œil se remplissait de larmes. Tout à coup, à travers les halliers, elle entend un froissement, signe assuré de quelque créature animée. Sancie, inquiète, se lève, saisit son épieu, et voit avec effroi le sanglier redoutable s'avancer vers elle : d'une main tremblante, elle se préparait à se défendre..., quand, plus prompt que la foudre, Didier, qui suivait le monstre, paraît, le combat, le terrasse, et, vainqueur, pose aux pieds de la belle Sancie son épée encore sanglante.

(1) Musique d'Angard.

« Ah! chevalier, lui dit-elle, je vous dois la vie : comment puis-je espérer de m'acquitter envers vous? »

Didier ne répondit point; mais son œil, plein de feu, exprimait assez la récompense qu'il désirait, et Sancie, ingénieusement, convenait en elle-même que le brave guerrier la méritait bien. Le silence, quelquefois, embarrasse plus que la conversation; Sancie, qui le sentait, se pressa de le rompre :

« Vous n'êtes point blessé?

— Le sanglier n'a pu m'atteindre; mais je n'en souffre pas moins.

— Vous me remplissez d'émoi (de trouble); mais où donc est votre blessure?

— Je n'ose vous le dire.

— Auriez-vous peur, chevalier?

— Mille Sarrasins ne pourraient m'émouvoir! et deux beaux yeux font sur moi l'effet qu'eux tous ne pourraient faire. »

Sancie entendit le discours de Didier, elle lui répondit tendrement; et, avant de quitter ces lieux, Didier avait juré d'aimer toujours Sancie, et Sancie d'aimer toujours Didier.

En apprenant la valeur du chevalier toulousain, Arnaud l'embrassa avec transport. « Brave jeune homme, lui dit-il, je vais faire proclamer un tournois, et votre bravoure me répond que vous en ferez les honneurs. »

A ces joûtes célèbres parurent tous les chevaliers de la province. Là, se distinguaient Vital de Pressac, Odon de Puibusque, Jean de Pagèze, Pierre d'Aubuisson, Paul de Lévis, Gérard de Lamothe, Archambaud de Bruyère, Guillaume de Durfort, Barthelémy, baron d'Arros, et plusieurs autres guerriers, honneur éternel de leur patrie (1).

---

(1) Les familles de ces preux chevaliers ne sont pas éteintes.

Didier se distingua dans le tournois, et partagea avec ces preux chevaliers l'honneur de la victoire.

Pendant une soirée (ou après le souper), Arnaud et ses hôtes se plaisaient à se raconter leurs mutuelles aventures ; on vint à parler des esprits : dans ces siècles peu éclairés, on y croyait encore, et chacun se rappelait une histoire effrayante. Gérard de Durfort, en les écoutant, versait des larmes ; on le pressa d'en apprendre le sujet : « Hélas ! dit-il, je pleure un frère chéri, que vos discours ont rappelé dans ma pensée ! » On le prie de s'expliquer. « Je le veux bien, leur dit-il ; préparez-vous à entendre une histoire tragique, et un terrible exemple de la justice divine !...

» Mon frère Sanche de Durfort revenait de la Terre-Sainte avec Mainfroid le hardi ;

seul, peut-être, de tous les croisés, il rapportait quelque trésor qui provenait de la rançon des Sarrasins qu'il avait faits prisonniers. Confiant envers son ami, il lui montra le fruit de ses peines; Mainfroid, envieux du bonheur de Sanche, résolut de s'approprier les richesses de mon frère. Un soir qu'ils traversaient les Alpes, les deux chevaliers, précédant toujours leurs soldats, s'égarèrent, et, dans les détours des montagnes, perdirent de vue leurs écuyers : ils cherchèrent longtemps une hôtellerie; enfin, à la nuit, ils trouvèrent une maison où l'on voulut bien les recevoir : sur la demande de Mainfroid, leur chambre fut commune. Vers les onze heures, étant seuls, Sanche, pressé de se livrer au repos, se déshabillait, et son ame pieuse s'élevait vers son Créateur, lorsque, ô douleur!... Mainfroid tire son épée et la plonge dans le sein de mon malheureux frère!... Sanche tombe, saisit le fer, et meurt en disant : « Je laisse à Dieu le soin de ma vengeance!... »

» Le barbare Mainfroid fut trompé dans son attente; Sanche ne portait point son or avec lui; l'assassin, maudissant un crime inutile, s'éloigna, en blasphémant, du corps de sa victime; mais il ne put empêcher le remords vengeur de le suivre et de l'atteindre.

» Le lendemain, les écuyers de mon frère arrivèrent dans l'hôtellerie, demandant si l'on n'avait point vu leur maître : on leur répond que deux croisés ont passé la nuit dans la maison; que l'un est reparti bientôt après son arrivée, mais que l'autre est resté, et que sans doute il sommeille encore. Sur le portrait qu'on leur en fit, ils reconnurent Sanche. On attendit longtemps son réveil; mais enfin, s'apercevant qu'il tardait à descendre, on monte dans sa chambre; la porte est ouverte, et l'on voit..., objet d'horreur! mon frère renversé sur le plancher, et nageant dans son sang!... Les varlets(1), consternés, relèvent son corps, le portent en pleurant dans l'église pochaine, et lui font faire des obsèques convenables à son rang. Sa main avait saisi le glaive dont Mainfroid l'avait frappé; après sa mort, il le tenait encore, et ce fut en vain que l'on s'efforça de le lui arracher; on ne put y parvenir, et le fer homicide suivit Sanche dans la tombe.

» Les soupçons du meurtre tombèrent sur Mainfroid : depuis lors, sa patrie ne le revit plus. Pendant huit années, il parcourut la France, l'Angleterre, les Espagnes, l'Allemagne, portant toujours avec lui le souvenir

(1) Nom que l'on donnait aux écuyers subalternes.

de ses forfaits, et trainant dans les fureurs sa déplorable existence. Enfin il crut que le sol sanctifié de la Judée pourrait le purifier; impatient d'arriver à Jérusalem, il traversa une seconde fois les Alpes. Le hasard, ou plutôt la justice céleste, qui ne dort jamais, le ramena, sans qu'il pût s'en douter, dans la maison qu'il souilla du sang de son ami: la nuit, qui avait couvert le globe lorsqu'il y arriva, ne lui permit point de reconnaître des lieux qu'il n'avait même point remarqués lors de son premier voyage. Il resta longtemps avec son hôte; l'heure du repos sonna, il se retira dans sa chambre : il était alors onze heures; le vent sifflait dans les longs corridors; un hibou, perché sur une tour ruinée, faisait entendre un cri monotone et lugubre. Mainfroid se sentit effrayé; une sueur froide, dont il ignorait la cause, le glaçait; un confus ressouvenir vint le surprendre; frappé comme par un coup de tonnerre, il veut fuir; ses genoux fléchissent sous lui. Indigné de sa propre faiblesse, il se ranime, s'avance de son lit, en ouvre les rideaux..... Soudain, un squelette affreux, tenant un glaive sanglant, s'élance de ce lit préparé pour Mainfroid, perce l'assassin, et tombe à ses côtés... Mainfroid, blessé mortellement, pousse des cris aigus : on accourt... A ce spectacle effrayant, les plus hardis reculent. On va chercher les ministres du Seigneur; on ose alors se rapprocher, on reçoit les aveux de Mainfroid; et puis, avec une terreur religieuse, on court au tombeau de Sanche... Le sépulcre était vide !... On ne douta plus que le cadavre ne fût venu lui-même prendre sa vengeance; il fut remis avec honneur dans sa demeure dernière, et le corps de son meurtrier, jeté à l'écart, infecta l'air, et servit de pâture aux bêtes féroces (1). »

En écoutant ce récit, les guerriers superstitieux frémissaient. « Oh! mon ami, disait Sancie à Didier (en voyant couler les larmes de Gérard), si jamais je te suis infidèle, puisse ton ombre sanglante me punir de mon parjure!... » Didier l'aimait; il ne pouvait croire à sa trahison; et ce fut malgré lui qu'il reçut ce serment inconsidéré que son cœur généreux lui faisait regarder comme inutile.

Cependant deux mois s'étaient écoulés, et le temps des combats s'approchait. Le bouillant Didier sentit s'allumer dans son cœur le désir de la gloire, que l'amour avait étouffé pendant quelques instants. Son oncle

(1) Il existe, dans les papiers de la famille de D... L..., un vieux procès-verbal daté de 1200 environ, dans lequel est consignée cette histoire, dont les chroniques languedociennes parlent quelquefois.

Raymond partait pour la Terre-Sainte : les comtes de Carcassonne et de Foix; les barons de Lanta, Castelnau d'Entrefons, Villeneuve Florensac; les marquis de Fourquevaux, d'Issus, de Castellane, de Lamothe; les chevaliers d'Aubuisson, de Durfort, de Mauléon, de Sévérac, de Villèle, de Vaudreuil, et tant d'autres, s'empressaient de suivre leur souverain. Didier aurait rougi d'être le seul auquel l'honneur ne commandât pas; il fit pressentir son départ.

Sancie chercha à retenir son amant; mais l'honneur avait parlé, et l'amour fut contraint de se taire. Leurs adieux furent pénibles; ils renouvelèrent leurs serments, et Sancie se dévoua de nouveau à la vengeance de Didier, si jamais elle devenait infidèle.

Je ne suivrai point les croisés dans leurs expéditions, le Tasse a dit tout ce que l'on pouvait dire; j'apprendrai seulement au lecteur que Didier soutint dans la Judée la haute réputation qu'il s'était acquise en Europe. Son voyage ne fut qu'une suite de victoires. Redouté des Sarrasins, il contribua de beaucoup à leur défaite; plus d'un guerrier lui dut la vie : il fut brave et modeste tout à la fois. Les beautés de ces brûlantes contrées cherchèrent à le séduire; mais la foi qu'il avait promise à Sancie ne fut jamais violée; et, dans tout l'Orient, il fut connu sous le nom glorieux de *chevalier de la fidélité*. Estimé par ses compagnons d'armes, redouté de ses ennemis, Didier passa deux longues années loin de l'amie de son cœur : il serait resté encore quelque temps en des lieux où sa présence devenait nécessaire, lorsqu'un pèlerin, nouvellement arrivé du Languedoc, lui apprit la mort d'Arnaud de Voisins, père de Sancie. Alors tout fut oublié; il se hâta de partir, brûlant de revoir son amante. Hélas! il ignorait ce qui s'était passé pendant son absence...

Tant de gens accusent les dames de légèreté, qu'il faut que nombre d'exemples aient prouvé que cette accusation n'est point calomnieuse. La belle, mais volage Sancie va, par sa conduite, donner des armes aux détracteurs d'un sexe aimable que je charge à regret, contraint que je suis par les devoirs d'historien.

Peu de temps après le départ de Didier, Timoléon, vicomte de Nissan, vint passer quelques jours chez son parent, le baron de Voisins. Timoléon était beau, jeune, aimable et, de plus, souverain. Les charmes de Sancie séduisirent son cœur; il lui déclara son amour, et la réponse qu'il obtint ne fut pas un refus. Le titre de vicomte flattait Sancie; mais elle se rappelait encore Didier, quoique ce souvenir fût bien confus. Didier était absent, et Timoléon redoublait tous les jours la vivacité de ses poursuites ; il était appuyé dans ses démarches par le vieux Arnaud, à qui sa fille avait caché sa première passion. Elle se défendit quelque temps; mais sa propre légèreté combattait contre elle. On ignorait le sort de Didier, et le malheureux fut sacrifié. Timoléon, ivre d'amour, pressait déjà son mariage, lorsque la mort d'Arnaud le retarda d'une année. Sancie pleurait son père; mais, grâce à son caractère, l'affection qu'elle témoigna ne tarda pas à s'éteindre. Le vicomte, toujours tendre, attendait avec impatience la fin du deuil. Il y avait six mois que le baron n'était plus, lorsqu'un jour Sancie, qui s'était retirée dans le couvent d'Escasses (1), fut deman-

---

(1) Couvent qui existait, avant la révolution, dans un petit village situé à un mille de la ville de Saint-Félix.

dée au parloir par un jeune chevalier qui venait lui apporter des nouvelles de ses amis de Judée. Didier était à un tel point effacé de son souvenir, qu'elle ne pensait pas à lui, et même lorsqu'il parut devant elle, elle eut toutes les peines du monde à le reconnaître. Frappé de cette circonstance, il commença à redouter ce que l'accueil de Sancie lui apprit bientôt en entier. Didier lui parla de la mort du baron, de son amour, de ses voyages, de ses combats. Sancie lui répondit froidement, versa quelques larmes au nom de son père, et dit en balbutiant à Didier qu'avant d'expirer Arnaud lui a fait promettre de s'unir au vicomte de Nissan, qu'elle était décidée à suivre la volonté de son père, et que rien ne changerait sa volonté.

L'étonnement et la rage de Didier le rendirent d'abord immobile; mais reprenant ses sens : « Perfide amante, lui dit-il, ton ame déloyale se montre à découvert; la voilà, cette Sancie qui me fit tant de fois le serment de m'être fidèle ! Deux ans d'absence m'ont entièrement banni de ton cœur ; mais parjure, puisque tu te joues des promesses les plus saintes, tu apprendras du moins, à tes dépens, qu'il n'en fallait point faire d'inconsidérées; tu te dévouas à ma vengeance si tu changeais, eh bien ! je l'accepte ce dévouement; je meurs ! mais mon esprit te persécutera sans cesse : sans relâche à tes côtés, le jour, la nuit, je te retracerai tes crimes, et mon ame se réjouira de ton désespoir. » Il dit, tire son épée, se frappe, chancelle, tombe, soupire et meurt.

Un délire effrayant s'empara de Sancie à la vue de ce spectacle affreux ; elle poussa un cri douloureux et tomba évanouie sur le corps de l'infortuné Didier. Pendant trois mois, une fièvre ardente ne cessa de la dévorer ; son esprit égaré et faible lui faisait voir à ses côtés le spectre pâle et sanglant de la victime de son inconstance. Le temps vint, à son tour, diminuer les regrets de la fille d'Arnaud ; elle oublia la mort de Didier, comme elle avait oublié son amour ; et le vicomte, délivré du seul rival qu'il pût craindre, recommença ses poursuites. Sancie, toujours légère, un soir qu'il la suppliait de se rendre à ses désirs, lui promit enfin de fixer l'époque de leur union. Quinze jours parurent bien longs ; mais ils étaient nécessaires pour les préparatifs de ce grand évènement. Timoléon se retira ivre de joie. Sancie, restée seule, réfléchissait à son prochain bonheur, lorsqu'en fixant ses yeux vers une porte peu éclairée de la chambre, elle crut apercevoir un objet hideux, que cependant elle distinguait à peine ; cet objet s'avance insensiblement.... O surprise ! ô terreur, elle vit l'ombre de Didier, armée de pied en cap, qui lui montrait sa blessure, dont le sang ruisselait encore. Un pouvoir supérieur ranima les facultés de Sancie, elle ne pouvait s'évanouir; l'horreur de sa situation était sans égale. Pendant une heure le fantôme sinistre fut présent à ses yeux, qui se refusèrent de se fermer. Enfin, avant de disparaître, l'ombre courroucée prononça ces mots : « Perfide amante ! le ciel est juste, tremble que ma vengeance se porte plus loin ! » Elle dit, et telle qu'une vapeur légère, elle se perdit dans l'obscurité.

Aux cris de Sancie, ses femmes accoururent ; elle était privée de connaissance ; cependant le prodige qui l'avait frappée, avec le jour, perdit tout son pouvoir; Timoléon l'emporta, et la quinzième aurore se leva pour éclairer un hymen malheureux que le ciel réprouvait.

A peine l'aube naissante faisait-elle pâlir le feu des étoiles, que le son des cloches appela le peuple à la cérémonie. La ville de Saint-Félix ne pouvait contenir l'affluence des étrangers et des hauts seigneurs que le vicomte avait invités à la fête; ses vassaux, portant sa bannière, joignaient à l'écusson de leur souverain celui de la belle fiancée; les troubadours, les ménestrels, chantaient l'hymen d'amour, leurs instruments sonores portaient la joie dans tous les cœurs, et l'allégresse se peignait sur toutes les figures.

Vers les dix heures du matin, l'évêque de Toulouse (1), qui devait bénir les jeunes époux, se rendit processionnellement, accom-

---

(1) L'évêché de Toulouse n'a été érigé en archevêché qu'en 1328.

pagné de son clergé, dans l'église paroissiale, richement décoré des présents du couple amoureux ; les barons, les chevaliers et les seigneurs châtelains suivirent l'évêque : au milieu d'eux, se distinguait le beau Timoléon; il allait devancer à l'autel son amante, qui dérobait à l'amour le temps qu'elle employait à soigner sa parure. La marche fut interrompue à l'aspect d'un chevalier d'une stature gigantesque, qui parut à la barrière du château, monté sur un fort cheval noir, et revêtu d'une armure noire. Cet inconnu, d'une voix formidable, défia au combat à outrance le vicomte de Nissan, et se servit, pour son défi, des termes les plus insultants. Timoléon était brave, et sur-le-champ, appelant ses écuyers, il demanda ses armes, les revêtit, monta sur son cheval de bataille, et se prépara à combattre son adversaire.

Cependant le ciel se couvre de sombres

nuages; un bruit sourd, de lugubres gémissements portent la terreur dans le sein du plus brave : on tremble pour le vicomte; mais lui, calme, intrépide, pousse son coursier, et part. L'inconnu s'ébranle de son côté; les deux rivaux se rencontrent au milieu de la carrière; leurs lances volent en éclats : le tonnerre gronde; de fréquents et livides éclairs illuminent cette scène d'horreur. Le chevalier noir tire son épée; Timoléon, avec la sienne, pare les coups qui lui sont portés : toujours muet, toujours furieux, l'inconnu combat avec rage; ses forces redoublent; le vicomte, blessé en plusieurs endroits, sent les siennes défaillir. Le peuple et ses amis veulent le secourir; ils ne peuvent, un charme secret les empêche de se mouvoir. Timoléon veut faire un nouvel effort, il lui devint funeste; son bras épuisé ne porte qu'un coup inutile; et son adversaire, d'un revers terrible, fait voler sur le sable la tête de l'amant de Sancie : en cet instant, l'éclair brille, la foudre éclate, et le chevalier noir disparaît dans les airs. A ce spectacle déplorable, on frémit, et l'on ne douta plus que le fantôme de Didier ne fût venu punir le vicomte de son bonheur. On voulut cacher la mort de Timoléon à sa fiancée, mais ce fut en vain ; un portrait de Timoléon, qui était dans son appartement(1), se teignit de sang. A cette vue, son cœur se troubla ; épouvantée, se rappelant les menaces de Didier, elle demande à voir son époux, et pourquoi l'on retardait leur union ; il fallut alors lui apprendre le funeste évènement qui les séparait pour toujours : sa douleur devint extrême, et ses craintes redou-

(1) On croyait alors que les signes surnaturels annonçaient les grands évènements : celui que je rapporte était un des plus ordinaires.

blèrent, craignant pour elle la vengeance du spectre vindicatif; sa tête s'égara. Elle appelait Timoléon, et le suppliait de venir prendre sa défense; ses amis, ses parents l'entouraient; le clergé faisait des prières pour elle : tout fut inutile, les décrets célestes devaient s'exécuter.

Au moment où la nuit descendit sur l'horizon, les vents se choquèrent dans les airs ; on entendit des voix plaintives qui demandaient vengeance. Le tonnerre ne cessa de gronder, et toute la nature éprouvait une commotion extraordinaire. Sancie, égarée, attendait la mort à chaque instant, lorsque tout à coup un bruit épouvantable, un cliquetis d'armes, se font entendre dans tout le château. La frayeur s'empare des convives : soudain la porte de la salle se brise avec fracas...; le spectre de Didier, monté sur son cheval noir, apparaît, s'avance de Sancie, et, poussant des hurlements affreux, la prend dans ses bras malgré sa résistance, et, insensible à ses cris, disparaît avec elle!...

Depuis ce jour, le timide habitant des campagnes éprouve un sentiment d'effroi en passant auprès du château, qui fut longtemps inhabité. Son imagination faible et crédule lui fait croire que, pendant les nuits orageuses, Sancie et Didier viennent s'asseoir sur les créneaux ruinés, que le hibou répond à leurs cris douloureux, et que leur présence sinistre annonce la mort ou les malheurs.

La Damnation éternelle.

Dans un château voisin de Pavie, en tournant vers la Lunegiane, petit pays à l'est de la rivière de la Magra, vivait, au commencement du xvii° siècle, une noble famille, issue des illustres comtes Guido-Guidi, dont elle portait le nom, bien qu'elle en fût distincte depuis un temps immémorial. Cette famille était d'ailleurs célèbre par une destinée funeste attachée à chacun de ses membres, dont aucun, quel que fût le sexe ou l'âge, ne terminait sa vie d'une mort naturelle. Les uns, voués aux éléments matériels, périssaient par le fer, le feu, les eaux, par des commotions de la nature, par la chute d'édifices ou de corps durs; les autres, condamnés à se détruire eux-mêmes, ou à périr de la main des hommes, se suicidaient, ou mouraient par le poignard ou le poison. Du reste, aucune époque n'était réglée pour le terme de leur existence. C'était une loi terrible, inexorable, mais qui frappait avec la même irrégularité que le trépas ordinaire.

Cela ne laissait pas que de faire impression sur les personnes de cette famille. On cherchait à s'expliquer la cause d'un pareil châtiment. Certains y voyaient la punition d'une apostasie, d'un sacrilége commis à une époque reculée, et l'exécution éternelle d'une excommunication lancée par un pape vengeur de la chaire de saint Pierre outragée. D'autres prétendaient qu'un crime horrible, accompagné d'un inceste, appelait cette malédiction du ciel. Bref, ce mystère était d'autant plus voilé que la famille Guido-Guidi se taisait elle-même, et que, dans ses archives, on ne trouvait rien qui pût appuyer une des mille conjectures que l'on formait chaque jour.

Au commencement du XVIIe siècle, ai-je dit, et dans le château principal de Rinaldo-Guidi, chef du nom et des armes de cette antique maison, existait, parmi les enfants du même père, une vierge aussi vertueuse que belle, aussi brillante de jeunesse que d'esprit, consacrée, dès le jour de sa naissance, au culte de la mère de Dieu. Elle se montrait toujours vêtue de blanc, et les seuls ornements qu'elle ajoutait à la simplicité de cette parure étaient des bluets, des iris, des églantines; en un mot, des fleurs bleues, dont parfois elle tressait des couronnes pour en parer son front.

Sa mère l'avait destinée à entrer dans un monastère; mais elle mourut lorsque Annunziata Guidi était encore en bas âge, et son projet n'avait pu être accompli. Plus tard, le père de cette créature céleste l'aima avec une telle tendresse, qu'il ne put consentir à voir tant de perfections ensevelies dans un cloître. Il ne se croyait pas obligé, d'ailleurs, d'exécuter un vœu fait par sa femme sans qu'il eût donné son consentement.

Annunziata grandissait en beauté et en graces; le bruit de ses charmes se répandit au loin. Il n'était pas un gentilhomme de la

Haute-Italie qui ne cherchât à la voir, et qui, l'ayant vue, ne formât le dessein de lui plaire. Déjà plusieurs partis s'étaient présentés de Milan, de la Lombardie, de Gênes et de la Toscane; mais son heure d'aimer n'était pas venue. Le comte Guidi, peu disposé à se séparer de sa fille chérie, ne la pressait pas de faire un choix; il attendait qu'elle se décidât en faveur de l'un des nombreux prétendants à sa main.

Cependant Luigi Doria, l'un des descendants de cette maison génoise si fameuse dans l'histoire, avait produit sur l'ame naïve et pure de la jeune fille une profonde impression. Il y avait en lui, il est vrai, tout ce qui pouvait justifier cette préférence. Il était beau, gracieux, vaillant et plein d'honneur. Sa libéralité, sa franchise, ses connaissances, l'éclat qui rejaillissait sur lui de la gloire qu'il avait obtenue dans les dernières guerres, le faisaient distinguer parmi ses rivaux. Le voir sans l'aimer semblait difficile. Annunziata ne l'éprouva que trop. Elle céda insensiblement à cet attrait qui enivre une ame tendre, elle connut l'amour, d'abord comme un doux rêve de l'ame, puis avec toutes ses émotions violentes qui nous suivent dans la veille comme dans le sommeil.

Mais déjà un remords naissait en elle. La belle Italienne savait que, dévouée au culte de Marie, c'était une profanation que de s'en éloigner. Le vœu maternel pesait sur elle, ce vœu, dont sa mère avait cru faire une protection céleste, tombait sur Annunziata comme une malédiction. Une autre pensée la tourmentait encore, celle qu'elle était destinée à périr d'une mort violente, et que peut-être elle porterait la même destinée à la postérité de son époux. C'était plus qu'il n'en fallait pour la plonger dans une mélancolie profonde, pour troubler la sérénité de sa vie. D'affreuses visions venaient ajouter à sa tristesse ; elles lui retraçaient sans cesse les scènes sanglantes dont sa maison avait été frappée, et lui montraient dans l'avenir de nouvelles séries de malheurs pour ceux qui portaient le nom de Guidi.

En vain, auprès de Luigi Doria cherchait-elle un refuge contre les fantômes de son imagination ; en vain, par un redoublement de prières et de bonnes œuvres, essayait-elle de désarmer le ciel ; la religion comme l'amour n'avaient que des menaces pour son cœur. Au milieu de ce conflit de sensations diverses, et dans le tourbillon des fêtes, des enchantements de tout genre, elle voyait toujours la fatalité inhérente à sa race s'offrant à elle comme un spectre impitoyable.

Un soir, seule dans les jardins du château

du comte Guidi, tandis que ses frères et son amant chassaient dans la forêt voisine, Annunziata s'assit sous un berceau en fleurs. Là elle s'abandonnait à une douloureuse rêverie, lorsque, de la profondeur d'un bois d'orangers, de myrtes, de lauriers et de grenadiers qui balançaient leurs rameaux odoriférants au souffle d'une brise embaumée, elle vit venir une femme vêtue d'un costume singulier et dont la forme était celle que portaient au xve siècle les personnes de haute condition. C'était une longue robe de velours rouge brochée de fleurs d'or, avec une mante de gros de Naples bariolée des couleurs les plus vives; ce costume était relevé par des ceintures, des carcans, des bracelets, des claviers et des ornements d'orfévrerie massive, travaillés à jour, émaillés et chargés de pierreries qui étincelaient aux derniers rayons du soleil couchant.

Cette inconnue, dont les cheveux noirs étaient crépés en deux grosses touffes pendantes sur les oreilles et le long des joues, portait une coiffure d'or ciselé en forme de diadème, du sommet de laquelle tombait un voile de fine laine, magnifiquement brodé et assez épais pour dérober ses traits. Un pas lent et solennel, la roideur d'une taille emprisonnée dans de fortes baleines, ajoutaient à la bizarrerie de cette apparition.

A mesure que l'étrangère s'approchait, la signora Guidi s'étonnait de ne pas lui trouver quelque chose d'étrange sous ce costume si peu en rapport avec le temps où elle vivait. Une pensée confuse lui disait qu'elle ne la voyait pas pour la première fois, et, en effet, elle se rappela que ce costume était celui d'une comtesse Guidi, l'une de ses aïeules qui vivait au milieu du xve siècle, et dont le portrait figurait dans la grande salle du château. C'étaient le même choix d'étoffe, les mêmes bijoux, la même coupe de robe; tout offrait à sa mémoire l'original du portrait, hors le visage couvert du voile mystérieux. Cette ressemblance extraordinaire troubla Annunziata, et lui inspira une terreur qui ne pouvait échapper à l'inconnue. Celle-ci continuait à marcher d'un pas grave, tandis que le soleil commençait à descendre derrière les montagnes alpines, et que les ombres de la nuit couvraient déjà la profondeur des vallées. C'était le moment qui jette sur tous les objets une clarté indécise et mystérieuse; où les troncs des arbres flétris s'élèvent comme des spectres gigantesques, où les rochers apparaissent sous des formes menaçantes, et où souvent l'imagination, avec une simple touffe de genêt, crée l'apparence d'un malin démon des bois.

Annunziata aurait voulu pour tout au

monde être dans le château de son père, sous la protection de ses nombreux serviteurs, ou mieux encore sous celle de la vaillante épée de son noble amant; mais elle était seule, et, se confiant en sa simple innocence, elle se leva, et attendit ce qui allait advenir d'une visite aussi extraordinaire.

L'inconnue atteignit enfin le berceau de verdure; plusieurs siéges de marbre et de gazon le garnissaient. Elle s'assit en silence sur un d'eux, et faisant un geste, comme pour inviter la signorina à imiter son exemple, elle prit enfin la parole.

« Je vous fais peur ! » dit-elle.

« J'ignore qui vous êtes, madame, » répondit Annunziata.

« Qui je suis ? la terre peut à peine le dire, car mon nom est mort dans le souvenir de tous ceux qui existent : le bronze même de mon mausolée n'en porte plus que des traces illisibles. »

A cette déclaration précise, qui annonçait une créature de l'autre monde, un vif effroi s'empara de la jeune fille, qui fut sur le point de s'évanouir; elle se laissa tomber sur un banc, où elle resta glacée et immobile. L'inconnue la contempla quelque temps à travers les plis de son voile avec une complète indifférence, puis elle poursuivit :

« Je suis la comtesse Ottavia Guidi.

— Vous, madame! » dit faiblement Annunziata.

« Oui, moi !... cela vous étonne? Cependant les choses étranges qui, de temps immémorial, se passent dans notre famille doivent vous inspirer autant d'effroi. Que vous semble, par exemple, de cette perpétuité de morts fatales, de cette destinée attachée à tous ceux qui portent notre nom de terminer

leur carrière par une sanglante catastrophe ?
Avez-vous réfléchi sérieusement sur une
pareille malédiction ?

— J'y songe sans relâche, répliqua Annunziata avec un redoublement de terreur.
Mais encore si la cause était connue !

— Gardez-vous de l'apprendre, vous n'en
soutiendriez pas le récit ; ce secret foudroie-
rait celui qui serait assez téméraire pour
remonter à sa source. Mais il est un autre
vœu à former, c'est de découvrir le moyen
de briser cette fatalité, et de faire rentrer la
famille des Guidi dans le cercle de la vie
ordinaire...; et... ce moyen existe, » poursuivit le fantôme d'un ton plus sépulcral.

« Il existe ! s'écria la signorina, il existe,
et vous venez pour me l'apprendre, pour
que je puisse le révéler à mes parents ?

— Le révéler serait inutile ; nul d'entre
eux ne voudrait l'employer. Il faut pour cela

une ame d'une trempe comme on n'en rencontre guère; car il y a là dedans un sacrifice à consommer tel que jamais dans ce monde on n'en a exigé de semblable. Désirez-vous encore le connaître? » ajouta le spectre avec une sorte de malignité.

« Oui, si je puis l'accomplir, » dit énergiquement la jeune fille; non, s'il ne satisfait que ma curiosité.

— Il est au pouvoir de tous ceux de ma race de délivrer leurs descendants, et néanmoins aucun n'a voulu en prendre le soin, tant il y a d'égoïsme sur la terre. »

Et un éclat de rire, tel qu'Annunziata n'en avait jamais entendu, sortit de dessous le voile de la comtesse défunte. Après un intervalle de sombre silence, la jeune fille vivement émue, craignant d'ailleurs qu'on ne voulût abuser de sa crédulité (car il lui était encore impossible de croire à la réalité de l'apparition), dit alors :

« Qui m'assure que vous savez ce grand secret, et que vous êtes vraiment ce que vous prétendez être?

— J'aime ce doute, il ne m'offense point, et me prouve, au contraire, que ce sera vous peut-être qui mettrez fin à la double peine que les vôtres subissent tous.

— Laquelle?

— De mourir de mort violente, d'abord ; puis d'être privés du repos de la tombe. »

Annunziata frémit ; le fantôme poursuivit :

« Oui, tous vos parents errent le jour et la nuit à l'entour de leur antique demeure. Ce sont leurs tristes plaintes qu'on prend parfois pour les gémissements de la brise. Ils souffrent un supplice que vous ne pouvez comprendre; ils ont tous successivement imploré la pitié d'un des membres vivants de leur famille, et tous ont été impitoyablement repoussés.

— Eh bien! montrez-moi vos traits, et faites-moi connaître ce sacrifice!

— Vous serez satisfaite, ma fille...»

Et le voile écarté tomba sur le côté.....
Annunziata vit avec une terreur sans égale, non un visage humain, mais celui de la comtesse Ottavia dont elle avait contemplé le portrait une heure anparavant dans la grande salle du château : c'étaient sa maigre taille, ses traits immobiles et aplatis, malgré l'ombre factice qui les relevait dans le cadre; des yeux expressifs et sans mouvement, des joues sans feu, des lèvres qui restaient plissées et immobiles, d'où sortaient des paroles; et en un mot, c'était la vision la plus épouvantable que les regards d'un être vivant pussent soutenir. La comtesse Ottavia, après quelques minutes, replaça lentement son

voile, et la jeune fille se sentit soulagée quand elle ne vit plus que ce riche costume qui lui cachait un corps de fantôme. La comtesse sembla se recueillir, puis elle ajouta :

« Une faute terrible, un crime qui passe toute croyance, et dont la peine retombe sur toute la race du coupable, vous a tous livrés à l'esprit du mensonge, et pèse sur eux depuis le jour de leur naissance jusqu'à celui du dernier jugement, jusqu'à ce jour dont l'éternité sera le lendemain; et, pour rompre ce charme funeste, il faut qu'un Guidi se dévoue, pour toute notre postérité, volontairement à une damnation éternelle. »

Annunziata, poussant un cri d'horreur, se leva avec vivacité de son siége, où elle retomba soudain ; la comtesse se leva aussi, mais pour disparaître, sans laisser d'autre vestige de sa venue que la noire empreinte du gazon sur lequel avaient glissé ses pas, comme si un feu ardent l'eût dévoré.

Une obscurité complète s'était étendue sur la terre, et la jeune Guidi était encore à la même place. Cependant elle entendait les fanfares joyeuses des chasseurs qui revenaient de la forêt. Son père, ses frères, Luigi Doria attendaient qu'elle vînt les charmer de sa douce présence, et elle ne paraissait pas. On la chercha partout; on parcourut les jardins avec des flambeaux, et on l'appela à haute voix. Ce tumulte, cette clarté bienfaisante la rappelèrent au sentiment de son existence; elle se hâta de revenir vers la noble assemblée qui l'entoura avec empressement. Ah! combien, au milieu de tant d'allégresse, Annunziata éprouvait de désespoir lorsqu'elle songeait à la révélation qui lui avait été faite, et à quel prix on voulait vendre le repos de tous les membres de sa maison. Elle eut beaucoup à faire pour refouler sa sombre mélancolie au fond de son cœur; ce fut dans ces dispositions pénibles qu'elle arriva dans la salle où étaient suspendus les nombreux portraits de ses ancêtres.

Le premier soin d'Annunziata, en entrant dans cette salle, fut de porter les yeux sur le cadre qui renfermait l'image de la comtesse Ottavia. O nouvelle surprise ! non seulement elle y retrouva les traits et le costume du fantôme qui lui était apparu, mais encore elle remarqua un changement de position dans l'attitude du portrait; la tête, qui d'abord était vue de trois quarts, se trouvait maintenant de face, et sur ce point elle ne pouvait se tromper; car, depuis quelque temps, ce portrait, objet de son attention particulière, était profondément gravé dans sa mémoire... Elle frémit de nouveau, et son effroi augmenta lorsque la bouche de la comtesse s'ouvrit comme pour lui parler, et que ses regards dardèrent sur les siens un éclair de colère.

Annunziata, toute tremblante, baissa les yeux et pâlit; chacun s'empressa autour d'elle; on lui demanda la cause de son chagrin; deux fois elle fut prête à le dire, et deux fois l'expression menaçante du visage de la comtesse Ottavia retint sur ses lèvres cet aveu. Luigi Doria, plus inquiet que les autres, supplia la signorina de parler; mais elle se montra inébranlable. Son amant allait redoubler ses instances lorsqu'il fut arrêté par une exclamation d'Alberto, le plus jeune des frères d'Annunziata. Cet adolescent entrait dans sa quinzième année; sa ressemblance avec sa sœur était parfaite, et une douce amitié les unissait tous deux.

Il venait de se placer vis à vis du portrait

fatal, et il s'écriait que la comtesse Ottavia, fatiguée de garder la même posture depuis un si grand nombre d'années, en avait changé, et qu'à présent elle regardait directement sa descendante. On fit d'abord peu d'attention à cette remarque; mais peu à peu le reste de la famille et les habitants du château partagèrent son étonnement, car eux aussi voyaient trop souvent ce portrait pour ne pas s'apercevoir que la pose de la tête n'était plus la même. Ce prodige amena toutes sortes de commentaires; mais on se résuma à croire que quelqu'un, par malice, avait repeint le tableau; on voulut savoir qui avait fait ce mauvais tour, et nul ne put en désigner l'auteur.

Cependant le chef de la maison, le vénérable comte Guidi, demeurait assis dans son grand fauteuil d'ébène, dont les sculptures étaient un chef-d'œuvre de Baccio Bandinelli, et que garnissait un maroquin vert garni d'une frange d'or. L'immobilité de ce noble chef, ses mains dont il couvrait son front et les mouvements convulsifs qui survenaient dans tout son corps appelèrent aussitôt l'attention. On le vit faire signe à Alberto de venir à lui. Il prit cet adolescent dans ses bras, l'inonda de ses larmes, et à travers une multitude de sanglots :

« Mon fils, s'écria-t-il d'une voix entrecoupée, mon cher, mon malheureux enfant! prépare-toi à mourir, avant peu, de la mort fatale qui frappe tous ceux de notre famille! »

A ces terribles paroles, l'épouvante et la douleur se manifestèrent dans l'assemblée ; les frères et les sœurs d'Alberto poussèrent des cris de désespoir, et ce désespoir fut à son comble lorsque le père infortuné eut ajouté que, depuis l'époque où une malédiction pesait sur sa famille, celui qui le premier devait en être frappé recevait un avertissement du ciel par un moyen surnaturel. « Je ne puis donc plus douter, poursuivit-il, que mon Alberto ne soit cette victime, puisqu'il a vu avant tout autre le changement de pose du portrait. C'était lui que menaçait la comtesse Ottavia. » Il termina en invitant son malheureux fils à se confesser sans délai, et à remplir ses autres devoirs religieux.

Cette exhortation faite par un père qui lui-même semblait sur le bord de la tombe, à un jeune homme brillant de fraîcheur et de santé, eût touché profondément même des étrangers. Hélas! nul n'osait faire entendre des paroles d'espérance; tant de preuves attestaient que de telles prédictions ne manquaient jamais de s'accomplir! Un morne silence régna dans la salle. Le moine Leandro, directeur de conscience des comtes Guidi, entraîna vers la chapelle du château le jeune Alberto. Ses parents et ses amis le suivirent afin d'aller réciter pour lui l'office des agonisants. Le comte Guidi lui-même voulut assister à cette triste cérémonie.

Annunziata seule n'avait pu suivre la foule; elle resta dans la grande salle, hors d'état d'agir et peut-être de penser; une seule idée absorbait en elle toutes les autres, celle de la communication qui lui avait été faite du secret fatal, et des moyens de sauver sa famille de l'affreuse destinée sous laquelle elle gémissait depuis si longtemps. Cependant, pour la sauver, devait-elle se rendre coupable du plus grand crime qu'on puisse commettre sur la terre, celui de compromettre le salut de son ame! D'un autre côté, son tendre amour pour son père, son jeune frère et les autres membres de sa famille la mettait dans une affreuse perplexité; elle se demandait si, pour sauver tant de têtes qui lui étaient chères, il ne fallait pas tout immoler... hélas! et son amant comme les autres!

Dans ce moment, le portrait, fixé à la muraille par cinq crampons de fer, s'agita violemment à diverses reprises; puis il descendit non comme par l'effet d'une chute, mais d'une manière lente et solennelle... Lorsqu'il eut atteint le plancher, l'effigie de la comtesse Ottavia se détacha du fond de la toile, et vint droit à la signorina.

« Eh bien! ma fille, lui dit le spectre, que te semble de la douleur de tes parents? ne feras-tu rien pour l'adoucir?

— Que Dieu me préserve de commettre un crime!» fut la réponse d'Annunziata.

— Un crime soit, mais il a son côté vertueux. Songe qu'en t'y abandonnant tu donnes la paix du sépulcre à tes ancêtres, et tu délivres leurs descendants de l'horrible trépas qui les menace tous. N'auras-tu donc, toi aussi, aucune pitié pour eux?»

Aussitôt la salle, quoique vaste, se remplit d'une foule nombreuse de spectres de tout âge et de tout sexe : c'étaient les Guidi trépassés. Tous se présentèrent à la malheureuse Annunziata avec leur mine hâve et cadavéreuse. Des larmes brûlantes sortirent de leurs yeux éteints. Ils tendirent, en suppliant, leurs bras décharnés vers la jeune fille, et semblèrent lui reprocher sa cruauté envers eux. Ce fut par l'effet d'une force surhumaine que la signorina contempla sans expirer cet effrayant spectacle; mais l'usage de ses sens l'abandonna complètement lorsque, tournant involontairement la tête, elle reconnut... sa mère..., sa mère chérie, dont elle avait tant pleuré la mort.

Quand Annunziata revint à elle, elle se trouva dans son lit au milieu de ses sœurs, qui toutes fondaient en larmes. Bientôt deux hommes se précipitèrent au milieu du groupe désolé, le comte Guidi et Luigi Doria ; ils lui prodiguèrent tous les témoignages de l'affection la plus vive, et ne se calmèrent qu'en voyant que l'objet de leur sollicitude avait repris connaissance : elle leur demanda, avec le cœur brisé, des nouvelles de son jeune frère.

« Il vit encore, lui fut-il répondu ; mais il doit s'attendre, à chaque instant, à subir notre cruelle destinée. »

Et le comte Guidi, rassuré sur sa fille, se livra de nouveau pour son fils à toutes les angoisses de la douleur d'un cœur paternel. Il y avait quelque chose de solennel et d'effrayant dans tout ce qui se passait, cette nuit, au château de Guidi. Les cloches de la chapelle et celles du monastère voisin sonnaient avec fracas l'agonie du jeune Alberto.

Lui, plein de vie, voyait la mort prête à le saisir, sans savoir sous quel aspect elle lui apparaîtrait. Toutes les chimères qu'il s'était plu tant de fois à créer s'envolaient en quelque sorte une à une, et ne laissaient derrière elles qu'un abîme menaçant qui déjà s'ouvrait pour l'engloutir. Ses beaux yeux perdaient insensiblement leur éclat; ses joues si brillantes devenaient ternes : c'était comme un essai de décomposition que la mort faisait sur ce jeune et bel adolescent.

Une bouche indiscrète vint révéler l'état du jeune Guidi à Annunziata; elle demanda deux fois à voir son frère; mais, craignant les tristes conséquences qui pouvaient en résulter pour sa vive sensibilité, on s'opposa à son désir. On lui dit que son père pouvait se tromper dans son pronostic, qu'il était possible d'ailleurs que Dieu se laissât fléchir par les prières qui allaient être faites dans tous les monastères d'Italie, qu'on ne quitterait plus le jeune Guidi, et qu'au moyen de cette vigilance on détournerait de lui les dangers qui le menaçaient.

Mais rien ne pouvait tranquilliser la signorina, et dans son angoisse elle forma le désir de revoir la comtesse Ottavia... Aussitôt les personnes qui l'entouraient furent plongées subitement dans un profond sommeil, puis elle entendit, du côté de la porte, le frottement d'une robe de velours qui lui annonça que son vœu allait être satisfait; en effet, elle vit s'avancer lentement le fantôme qui, s'arrêtant devant son lit, lui dit d'une voix sépulcrale :

« Que me veux-tu ?

— Hélas! je l'ignore moi-même, » répondit la jeune fille en frissonnant.

« Cependant tu as souhaité ma présence.

— Au nom du ciel, sauvez mon pauvre frère !

— Tu sais que toi seule peux le sauver.

— Mais je me dévouerai aux flammes éternelles.....

— Tu délivreras tous les tiens.

— Songez à la grandeur du sacrifice; quoi! vous voulez que je consente à me séparer éternellement dans l'autre monde de ceux que j'ai tant aimés dans celui-ci !

— Demain tu pourras faire entendre tes plaintes sur le cercueil de ton frère!...»

Et la vision s'approchait... Annunziata, cédant à une sorte de délire causé par les dernières paroles de la comtesse Ottavia, conçut un instant la résolution de consommer le sacrifice qui lui était imposé; cependant elle frémit en pensant à la barrière éternelle qu'elle allait mettre entre elle et Dieu; elle tâcha de le fléchir par ses prières; mais rien ne put calmer ses souffrances.

Dans ce moment, un profond soupir, poussé près de son lit, la fit tressaillir de nouveau. Il y avait dans cette plainte inarticulée quelque chose qui n'appartenait pas à la terre. Ses yeux se portèrent alors vers un grand miroir de Venise, placé entre deux croisées faisant face à son lit, et elle vit l'ombre de sa mère, qui paraissait plongée dans une profonde affliction; puis, s'avançant vers elle :

« Ma fille ! lui dit-elle, je souffre..., et ton frère va mourir !...

— Et moi, répondit Annunziata d'une voix faible, dois-je donc me condamner à des tourments éternels?

— Je souffre, répéta le fantôme, et ton frère va mourir !...

— S'il faut donner ma vie pour vous

sauver tous, je vous l'abandonne avec joie ; mais dois-je disposer de mon ame ?...

— Je souffre, et ton frère va mourir, » dit une troisième fois le fantôme, et il disparut...

Au même instant, la porte s'ouvrit, et le vieux comte Guidi entra. Sa physionomie était empreinte d'un sombre désespoir; il s'approcha du lit de sa fille, d'une main lui montrant ses femmes endormies, et de l'autre lui fit signe de le suivre.

La vierge obéit, malgré sa faiblesse; elle jeta sur elle une mante fourrée d'hermine; puis elle accompagna son père, qui lui saisit le bras en silence, et la conduisit dans la grande salle éclairée de plusieurs torches en cire blanche.

« Annunziata, lui dit-il lorsqu'ils furent arrivés, une affreuse malédiction pèse sur nous!... il serait temps d'y mettre un terme. »

Annunziata trembla, et ne répondit rien.

« Il est un moyen de sauver notre famille, poursuivit le comte d'une voix creuse; mais ce moyen est terrible !...

— Vous le connaissez donc, mon père ? » s'écria Annunziata prête à défaillir.

« Oui, mon enfant... Mais ta question m'a été faite avec une inflexion de voix si particulière... Saurais-tu ?...

— Je sais que nous sommes tous bien punis d'une faute que nous n'avons pas commise.

— La postérité d'Adam est encore sous le poids de la haine, répondit le comte tristement, et ce qui a lieu sur toute l'étendue du globe pour la descendance de l'aïeul commun peut bien être reporté pour les membres d'une maison particulière; mais as-tu appris comme moi à quel prix nous pouvons racheter les nôtres?»

Le silence de la signorina, son trouble firent deviner au comte qu'il n'avait rien à lui apprendre.

« Je vois, ma fille, que cette fatale révélation t'a aussi été faite. Qu'en penses-tu?...

— Ah! pourquoi Dieu nous poursuit-il avec tant de rigueur?...

— Le murmure est une offense. Il y a dix ans que, dans cette même salle, je fus instruit d'un secret qui depuis dévore mon cœur. C'était pendant une nuit d'orage; la foudre grondait dans les airs, des torrents de pluie frappaient les murs de ce vaste édifice, et les sifflements de l'aquilon se mêlaient aux roulements du tonnerre. Je me levai et vins ici promener mon inquiétude. J'y étais depuis quelques instants, lorsqu'à la clarté de plusieurs éclairs successifs je vis le portrait de mon quadrisaïeul, de Jeromino Guidi, se détacher de son cadre, et s'approcher de moi. J'ai couru de grands dangers sur les champs de bataille, j'ai parcouru les mers sur de légers esquifs lorsque les vagues en fureur se croisaient sur ma tête; cependant j'étais calme et impassible, tandis que, dans cette circonstance, mon sang se glaça, mes cheveux se hérissèrent...; j'eus peur!...

» Le spectre me regardait fixement; l'époux de la comtesse Ottavia Guidi me dit que je pouvais, au prix de ma damnation éternelle, délivrer les membres de cette maison, morts, vivants, et à naître. Je repoussai cette proposition avec horreur!... Vous étiez encore si jeune, que je pouvais espérer terminer mes jours avant vous... Votre mère périt écrasée par un arbre du parc... Aujourd'hui Alberto va la suivre...; et moi..., moi son père, je puis le sauver...

Écoutez, Annunziata, écoutez la terrible résolution de l'auteur de vos jours; c'est sans doute le plus grand sacrifice de l'amour paternel. Je vais vendre mon ame au démon pour vous racheter tous... J'aurais dû le faire sans rien dire; mais cet effort est au dessus de mes forces; il faut que j'emporte la triste consolation que mes descendants apprécieront l'étendue de ce sacrifice; qu'ils m'en récompenseront par leurs regrets... Adieu, ma fille! vous ne verrez pas votre père dans le ciel!.... »

Le comte Guidi se tut, son émotion l'empêchant de continuer: Annunziata, en proie à une cruelle angoisse, ne pouvait retenir ses sanglots. Le dessein de son père achevant de la désespérer, elle se disait que souffrir qu'il l'accomplît serait se rendre coupable d'un parricide sans exemple; aussi elle s'écria avec force :

— Non, mon père, non, vous ne vous immolerez pas pour votre maison...; c'est à moi qu'est réservée cette tâche !...

— Vous, ma fille! si jeune, si belle, si vertueuse ; vous qui devez goûter sans remords toutes les douceurs de la vie, ah! jamais je n'y consentirai ; il est dans l'ordre qu'un père se sacrifie pour ses enfants.

— Et pourquoi les enfants ne lui envieraient-ils pas ce privilége? pourquoi, dans une cruelle circonstance, ne lui rendraient-ils pas plus qu'ils n'ont reçu ? Ah! permettez que je me dévoue pour notre malheureuse famille, que j'assure à ceux qui ne sont plus la paix des tombeaux, et aux autres la félicité sur cette terre.»

Cette lutte généreuse entre le père et la fille continua encore quelque temps.

Cependant la cloche de la chapelle retentit de sons prolongés; plusieurs personnes entrèrent pour dire au comte Guidi que le jeune Alberto, plongé dans un horrible délire, avait voulu se donner la mort. Cette nouvelle augmenta encore sa résolution de sauver son fils; mais, tandis qu'il se dispose à consommer l'acte sacrilége, Annunziata s'avance vers le portrait de la comtesse Ottavia, et lui demande la formule du pacte qu'elle doit prononcer.

Des rires sataniques se font entendre; un ouragan impétueux ébranle dans ses fondements le château des Guidi ; tous les assistants voient distinctement se dessiner sur les murailles l'ombre d'un corps colossal; il déploie de vastes ailes, son front est armé de cornes aiguës, et sa queue, terminée par un triple dard, s'agite et se redresse; c'est Lucifer... Il attache sur sa proie un œil étincelant... La jeune fille, décidée à consommer son horrible sacrifice, ne tremble

point devant la redoutable apparition; elle
va prononcer l'arrêt qui la condamne aux
flammes éternelles; elle est perdue... Mais,
ô prodige!... le portrait de la comtesse
Ottavia resplendit soudain d'une lumière
céleste; il n'offre plus les traits d'une mortelle, mais ceux de la mère de Dieu, de la
reine des anges, environnée de toute sa
cour; elle sourit à la courageuse Annunziata, et lui dit :

« Tu as soutenu la plus cruelle épreuve
qui puisse être imposée à l'humanité; ta piété
filiale a été au delà de ce qu'on peut attendre
sur la terre : reçois-en la récompense !...
La malédiction des tiens est levée, ton frère
prolongera sa carrière, et toi tu jouiras du
bonheur qui est dû à ton dévouement !!!...»

. . . .
. . . .
. . . .

Ici se termine le manuscrit d'où l'on a extrait cette anecdote : des recherches faites en Italie et sur les lieux ont appris que, depuis cette dernière aventure, la famille des Guidi a prospéré jusqu'à nos jours.

La Fillette des marécages.

Les abords des marécages sont dangereux pour les voyageurs qui, vers le soir, s'exposent à les franchir : ce sont les lieux que fréquentent ordinairement les lutins, les farfadets, ces esprits follets qui voltigent, en forme de lumière brillante, et qui, trompant les étrangers, les amènent à se précipiter dans des flaques d'eau.

En vain ceux qui ont de l'expérience conseillent aux imprudents de s'éloigner de ces endroits malsains où, si l'on se trouve en présence de méchants esprits, on peut du moins y prendre des maladies dangereuses; où l'on parle au vent; nul ne vous écoute; ces téméraires courent à leur perte.

Un pèlerin revenait de la Terre-Sainte : il avait visité le tombeau de Jésus-Christ, le jardin des Oliviers et la vallée de Josaphat : il s'en retournait, dis-je, chargé de grâces et de pardons, impatient qu'il était de revoir sa famille que, depuis trois ans, il avait abandonnée. Chaque matin, avant de partir, il offrait à Dieu de ferventes prières ; et le soir aussi, avant de se coucher, il implorait dévotement la Divinité. Voilà qu'après avoir débarqué au bord d'Otrante, traversé l'Italie dans toute sa longueur, franchi les Apennins et les Alpes, il était parvenu à cette contrée située entre le Lyonnais et le Dauphiné, et où naguère existaient les fameux marais de Bourgoin.

Il ne lui restait plus que quelques heures de route à faire pour parvenir jusqu'à son manoir. Il s'était couché, la veille, le cœur tout joyeux, et se leva dans une allégresse telle qu'en songeant qu'il allait voir tout ce qu'il aimait le mieux, le malheureux en oublia sa prière du matin.

Sans s'en apercevoir, il se mit en route; et voilà que le chemin qu'il croyait si bien connaître s'embrouilla si fort devant lui, et de telle manière, qu'il ne sut plus de quel côté tourner ses pas. Il chemina durant toute la journée, allant, venant à travers la plaine inondée, sans trop savoir ce qu'il faisait. Les heures s'écoulèrent avec rapidité; et le soleil descendait vers les montagnes du Vivarais. Le pélerin, fatigué, s'assit sur une pierre et se mit à rêver profondément. Trois ans avaient suffi pour lui faire perdre la mémoire de sa contrée natale. Il s'en émerveillait, et néanmoins aucune pensée prudente ne s'élevait dans son cœur. Il continua de demeurer dans cette immobilité jusqu'à l'heure où la nuit descendue couvrit entièrement la terre et les cieux.

Alors il lui sembla voir, à quelque distance, une lumière vaporeuse qui paraissait et disparaissait alternativement; il crut qu'elle parvenait de quelque maison voisine, et il alla vers elle, lorsque, elle venant à s'évanouir, il aperçut que l'obscurité semblait redoubler d'épaisseur. Dans ce moment, une voix féminine se fit entendre, et bientôt une femme s'approcha de lui; c'était une jeune bergère à la mise simple et modeste, vêtue sans aucune magnificence; une quenouille était à son côté, et elle portait à la main une cruche remplie de lait. « Étranger, dit-elle d'une voix douce, certainement que vous vous êtes égaré, puisque vous demeurez à cette heure parmi ces marais dont il est si difficile de se retirer, même avec la clarté du jour; ne voudriez-vous pas accepter l'hospitalité que je vous offre dans la cabane de mon vieux père? Nous sommes pauvres; mais nous vous recevrons de notre mieux. » Le pélerin, oubliant de faire le signe de la croix et de se recommander à Dieu avant de se confier à sa jeune pastourelle, se laissa séduire à sa beauté peu commune; et, la regardant mignardement, lui dit : « Belle fille, mène-moi où tu voudras.

— Oui-dà, repartit-elle, où je voudrai! et j'espère que je vous y retiendrai bien longtemps. » Aussitôt elle prend le devant, leste, fringante, rieuse et légère, amusant le pélerin par de gais propos, par des contes folâtres. Mais tantôt le pélerin la perdait de vue, et alors une flamme éloignée semblait prendre sa place, tantôt elle se rapprochait, et ses formes, sans doute enveloppées par les vapeurs de la nuit, semblaient presque fantastiques.

Tous les deux errèrent ainsi pendant presqu'une demi-heure, sans que la cabane désirée se montrât. « Sommes-nous loin, demanda le pélerin, du but de notre course ?

— Vous allez l'atteindre, repartit-elle, et votre repos y sera sans fin ! » Elle dit, pousse un éclat de rire désordonné ou plutôt un cri aigu qui déchire l'oreille; elle fait un bond, une lueur phosphorique l'environne, et le pélerin qui s'élance pour la retenir tombe dans un marais, où il perd la vie. A l'ins-

tant de sa chute, mille flammes brillent çà
et là. On entendit les ricanements de la
troupe infernale, et les voyageurs qui passaient non loin de ce lieu de désolation entendirent une voix discordante répéter trois
fois : « S'il eût prié Dieu ce matin, il ne reposerait pas ce soir dans le marécage. »

Le Château de Montmaure, ou la Tour du Diable.

Au nom de la sainte Trinité, de Marie, mère de Dieu, des saints apôtres et archanges, je commence (disait dans un court prologue le bon curé) par déclarer à mes lecteurs que j'écris sur des mémoires authentiques pour l'instruction de mes paroissiens, pour la gloire de Dieu et pour la confusion de Satan, prince de l'enfer, que je déteste et que j'exorcise au saint nom de Jésus-Christ. Fidèles chrétiens qui m'écoutez, puissiez-vous détester avec moi l'esprit des ténèbres, et le repousser si jamais il cherche à vous prendre dans ses piéges infernaux et diaboliques.

Il y avait non loin d'ici un château superbe appartenant aux seigneurs de Montmaure. Le propriétaire d'alors mourut en laissant un fils unique, nommé Geoffroy. Geoffroy avait vingt ans, un esprit vif, aimable et désireux de connaître. Il était brave, et se distingua dans plusieurs rencontres, qui lui acquirent justement une haute réputation de valeur et loyauté; mais, parmi ces brillantes qualités, Geoffroy couvait une ambition sans bornes, capable de le porter à tout entreprendre. Chéri du comte de Foix, son seigneur suzerain, la porte des honneurs lui était ouverte, et il n'était pas satisfait; il passait plus haut ses prétentions. L'esprit malin, toujours aux aguets pour dévorer les ames, remarqua les dispositions de celle de Geoffroy, et il se promit de ne pas être longtemps sans qu'elle lui appartînt. Hélas! son espérance ne fut pas déçue, et le coupable jeune homme vola de lui-même à sa perte. Depuis longtemps il entendait parler d'apparitions de fantômes; il savait qu'il était des hommes habiles qui soumettaient à leur pouvoir les puissances de l'air et de la terre; mais nul ne se présentait devant lui; ses recherches étaient vaines, et il se perdait en désirs insensés. Il vit, à la cour du prince de Foix, la jeune et belle Caliste de Bellegarde, fleur naissante, parée des graces du bel âge et des vertus précieuses d'un cœur innocent. Caliste plut à Geoffroy; à son tour, il ne tarda point à plaire, et leurs yeux leur apprirent bientôt les secrets de leur ame. Mais une haine héréditaire séparait les maisons de Montmaure et de Bellegarde. Depuis plus de trois siècles, les membres de ces deux familles se livraient des combats que ne pouvait empêcher l'autorité du souverain, si souvent méconnue dans ces temps où chaque châtelain avait la prétention de ne relever que de Dieu et de son épée. Geoffroy connut les obstacles qui le séparaient de son amie ; mais, trop amoureux pour reculer, il se résolut à tout braver, à tout entreprendre pour obtenir l'épouse de son choix. Pendant ce temps, il fut engagé à aller passer quelques jours au château d'un de ses amis : là, selon un antique usage, on se plut à raconter des histoires effrayantes ; les femmes tremblaient ; les chevaliers riaient ; un seul gardait, au milieu de tous, une physionomie grave et mystérieuse. Geoffroy en fut frappé ; mais dissimulant son étonnement, il se promit de lui demander, le lendemain, la cause de son étrange silence. Cependant l'heure de repos arriva, des pages, portant des flambeaux de cire blanche, vinrent conduire chacun dans les appartements qui leur étaient destinés. Geoffroy, avant de se retirer, prit à part le seigneur châtelain et lui demanda le nom de l'inconnu qui l'avait frappé. Le baron de Belvèse lui répondit que ce jeune homme se nommait Edgard; que, depuis un an, il avait acheté dans les environs une superbe châtellenie, où il vivait avec sa femme, jeune et jolie personne. « Au reste, poursuivit le baron, on ignore quel pays l'a vu naître. Si l'on juge d'après son nom, l'Angleterre doit être sa patrie; mais, comme il paraît fort secret sur tout ce qui le touche, nul de nous n'a cherché à lever le voile dont

il se couvre. » En achevant, le baron salua
Geoffroy; celui-ci, satisfait de ces légers
renseignements, se retira dans sa chambre
et se coucha bientôt après. A peine fut-il
endormi, qu'il lui sembla voir une lueur
augmentant par degrés, et dont l'appartement fut soudain éclairé. Etonné d'une telle
clarté, il regardait attentivement, lorsque le
plancher se fendit, en laissant paraître un
jeune homme ressemblant à Edgard, mais
différemment vêtu. Ce fantôme portait une
robe de pourpre couverte de diamants; une
écharpe noire, chargée de rubis, soutenait
un glaive. Cette étrange figure s'approcha
de Geoffroy, et, se prosternant à ses pieds,
le salua comme son maître, et lui demanda
ce qu'il lui plaisait de lui ordonner. Étonné
d'une proposition pareille, Geoffroy répondit
qu'il souhaitait la main de Caliste : soudain
cette jeune beauté parut, et, jetant sur lui le

regard le plus tendre, s'abandonna à ses transports. Oh! combien ils parurent délicieux ces moments de volupté à l'amoureux Geoffroy! Le jour, en le réveillant, lui fit regretter le charme d'une semblable illusion; il ne douta point cependant que ce songe ne fût une émanation des desseins qu'avaient formés sur lui les puissances, et, sans craindre le ciel, il appela le pouvoir de ses ennemis.

La matinée fut superbe; le temps, quoique froid, invita à la promenade. Geoffroy quitta son lit promptement et descendit dans la vaste salle où déjeûnaient les seigneurs. Edgard, qu'il aperçut en entrant, lui offrit une place à ses côtés; elle fut acceptée avec joie, et Geoffroy se promit de ne point tarder à commencer les questions. Le hasard parut lui être favorable. On proposa une partie de chasse, qu'Edgard refusa, parce que, disait-il, il craignait qu'un exercice trop violent ne fît rouvrir une blessure profonde qu'il avait reçue dans un combat singulier. Geoffroy, de son côté, s'excusa pareillement, on ne le pressa point : tous les seigneurs partirent, suivis d'un grand nombre de valets, de piqueurs et de chiens.

« Si le jour ne vous semblait pas trop froid, dit Edgard au malheureux seigneur de Montmaure, je vous engagerais à passer dans le jardin pour y faire une promenade tranquille nécessaire à ma santé.

— Avec plaisir, lui dit Geoffroy; il me tarde de vous interroger sur un sujet qui m'intéresse vivement.

— Parlez, sire, lui répondit l'étranger; il n'est rien que je ne fasse pour vous plaire.

— Hier, au soir, le chapelain du baron de Belvèse nous raconta l'histoire d'un fantôme qui venait, chaque nuit, troubler le repos de la femme, cause première de sa mort. Personne ne crut ce récit; vous seul, gardant un silence morne, vous m'avez semblé désavouer les rires de nos chevaliers.

— Il est, seigneur, deux excès également condamnables : une crédulité sans bornes et une incrédulité outrée. La nature est encore bien inconnue, et tous ses secrets ne sont pas découverts; qui pourra, en niant le pouvoir des puissances, nier qu'elles existent? Ceux qui se parent de leur scepticisme ont-ils donc oublié les magiciens de Pharaon, les lois de Moïse contre les magiciens; la Pythonisse d'Endor, évoquant l'ombre de Samuel; les morts ressuscitant à la mort du Sauveur du monde, prodiges qu'ils ne peuvent taxer de fausseté, sans désavouer la religion qu'ils professent?

— Ah! sir Edgard, que je suis loin de leur ressembler! je crois tout; que dis-je? je crois, je désire ardemment qu'il existe et des sorciers et des spectres qu'on évoque, et des êtres supérieurs qui nous obéissent.

— Il en est qui, maîtres absolus de l'univers, ne connaissent point de bornes à leurs volontés, et qui, cependant, loin de dédaigner les mortels, les accueillent, les protègent et souvent finissent par les élever jusqu'à eux. »

Le feu que met Edgard dans ce discours passe dans l'ame de Geoffroy, qu'il embrase.

« Edgard, les connaîtriez-vous ces êtres auxquels je brûle de m'associer ?

— Jeune homme, êtes-vous capable de garder un secret profond sur ce qu'on vous pourrait montrer ?

— Que la foudre m'écrase si je répète vos propos !

— Eh bien ! je me confie à vous ; je veux, lorsque l'ombre aura couvert ce monde sublunaire, vous convaincre de l'existence de ces

êtres dont on ose douter : apprenez que
l'empire de l'univers se partage entre le ciel
et l'enfer. Le Dieu adoré par le vulgaire,
tranquille au haut des sphères lumineuses,
abandonne la terre aux puissances qu'il a
créées : on appelle anges celles qui entourent
son trône, ou qui commandent aux autres
mondes; car ne pense pas, Geoffroy, que la
terre que nous habitons soit la seule peuplée :
non, tous ces globes enflammés, lumières de
nos nuits, sont autant de soleils pareils au
nôtre, et, comme lui, éclairant des milliers
de mondes, que la faiblesse de notre vue ne
nous permet point d'apprécier. Là sont des
êtres vivants, pensants, comme nous, et
soumis pareillement aux lois de la nature.
On nomme démons les esprits par lesquels la
terre est gouvernée. Ne croyez point que ce
nom ait l'odieuse acception qu'on lui donne :
les démons ne sont pas des créatures ré-

prouvées, ils sont, tout au contraire, nos puissances souveraines; c'est à leur voix que, du fond de l'Océan, s'élèvent les tempêtes dont il est bouleversé; ce sont eux dont les caprices répandent tantôt la famine ou l'abondance, la peste ou la santé; assis sur la crête des montagnes, ils tiennent dans leurs mains les ondes, aliments des fontaines et des fleuves; ils président à la végétation; ils font naître les métaux dans le sein du globe; ils se constituent les gardiens des trésors, dont ils font un généreux abandon à ceux qui les honorent particulièrement; mais leur pouvoir est plus étendu encore : de l'homme le plus inepte ils le feront le prodige de son siècle; à celui qui désire les grandeurs ils procurent un trône, et conduisent dans la couche nuptiale la jeune amante refusée aux vœux de celui qui sacrifierait sa vie pour la posséder !...

— O Edgard ! que me dites-vous ? Ils pourraient me faire obtenir ma Caliste ?

— Je n'en doute point.

— Qu'exigeraient-ils pour un pareil service ?...

— Je vous l'ai déjà dit, votre reconnaissance !...

— Ah ! qu'ils en soient assurés ! je la leur promets entière et sans retour. Mais quand pourrai-je voir s'effectuer vos promesses ?

— Je vous ai parlé. Dès que la nuit ténébreuse aura jeté son voile sur nous, alors je vous conduirai dans des lieux où vous pourrez faire vous-même vos conditions. Mais, de grâce, le plus grand silence sur tout ce que je vous ai dit ; songez, Geoffroy, que votre vie et la mienne en dépendent. »

En terminant ces mots, Edgard se retira, et lança sur le jeune Montmaure un regard qui eût pu l'éclairer s'il l'avait vu. Geoffroy, au lieu de se défier de ce qu'on venait de lui communiquer, ne pensait qu'au bonheur qui l'attendait, lorsque, époux heureux, il pouvait se livrer à ses idées ambitieuses. «Enfin, se disait-il, je commanderai à mon tour; je verrai disparaître ces odieuses barrières dont le ciel entoura mon existence. Simple sujet, peut-être un jour pourrai-je m'asseoir sur le trône de mes maîtres : eh! qui peut balancer de tels avantages? Non, rien ne me coûtera; et me faudrait-il tout sacrifier, je sacrifierai tout pour parvenir à mon but... Oui, c'en est fait, Edgard, je m'abandonne à toi; tu me montres le chemin de la fortune, je m'y élance sur tes traces.» Ainsi parlait l'insensé Geoffroy : Dieu l'entendit, et Dieu irrité lui retira son assistance. Il fut abandonné aux anges des ténèbres, qui ne tardèrent pas à le punir de son ingratitude envers son Créateur.

Quand les chasseurs revinrent, ils faisaient porter en triomphe devant eux les pièces de gibier qu'ils avaient tuées. Pendant qu'Edgard et Geoffroy prenaient part à la joie, on vit s'avancer une riche litière d'où l'on vit sortir la femme du premier : Geoffroy fut frappé de ses traits; tout le monde environna cette beauté dont rien n'égalait les charmes, mais dans laquelle on remarquait je ne sais quoi de sombre et d'extraordinaire : le sourire était dans sa bouche et la tristesse dans ses yeux. Le sire de Montmaure admirait ce mélange de graces et de mélancolie, ornement enchanteur de la beauté; elle lui rappelait sa Caliste qu'il aimait tant, et qu'il pensait obtenir bientôt. Après les premiers compliments, Edgard emmena son épouse : chacun se retira, et Geoffroy alla penser à sa destinée future. La journée s'écoula bien lentement, au gré de son impatience :

il hâtait par ses vœux la venue de la nuit : elle arriva. Pendant le souper et la veillée indispensable, son impatience fut extrême. Enfin, l'horloge ayant sonné onze heures, on alla se livrer au sommeil, tandis que le crime allait, dans ses piéges de fer, surprendre l'imprudence qui se livrait elle-même. Lorsque tout fut calme dans le château, Geoffroy prit une lampe, et, par un escalier dérobé, il suivit le chemin de l'appartement d'Edgard : il l'attendait. Ils descendirent dans la cour, Edgard s'approcha d'une cave fermée par deux serrures énormes ; et, les touchant avec ses doigts, Geoffroy vit la grille se rouler, et le passage fut libre. Cette première épreuve lui donna une idée avantageuse du pouvoir de son ami. Quand ils furent parvenus jusqu'à la partie la plus éloignée de la cave, une porte qui les arrêta fut ouverte avec la même facilité ; ils se trouvèrent alors en plein air.

Geoffroy reconnut, non sans quelque terreur, le cimetière du château de Belvèse : ce fut là qu'Edgard s'arrêta; il sortit, d'un panier qu'il avait porté, une robe rouge et une ceinture noire pareille à celle dont il était revêtu dans le songe qui, la nuit précédente, avait occupé l'imagination de Geoffroy. Frappé d'une pareille ressemblance, celui-ci fut sur le point de se prosterner devant Edgard, le prenant pour un être surnaturel : celui-ci arma sa main d'une baguette formée d'un ivoire pur et d'une ébène africaine; il en traça deux cercles autour de lui et autour de Geoffroy; puis il allait commencer ses conjurations, lorsque tout à coup il s'arrêta : « Geoffroy, dit-il, j'ai oublié une bague qui m'est indispensable; je ne puis maintenant l'aller chercher moi-même, mais vous pouvez le faire à ma place. Retournez au château par la route que nous avons suivie; montez dans mon appartement, entrez dans la chambre de mon épouse, approchez-vous d'elle, et tirez doucement de son doigt l'anneau d'or auquel est attachée une pierre pourpre.

— Comment, lui dit Geoffroy, comment pourrais-je faire ce que vous me dites sans être aperçu ? Que dira-t-on si on me voit auprès de votre femme ?

— Ne craignez rien ; un sommeil léthargique enveloppe tous les habitants du château ; partez promptement ; puisse la terreur ne point avoir de prise sur votre ame ! » Il dit, et d'un geste impérieux commande à Geoffroy l'obéissance. Celui-ci partit, malgré sa répugnance ; mais, subjugué par l'ascendant qu'Edgard prenait sur lui, il n'osa point lui répliquer. Quand il fut dans la chambre d'Edgard, il aperçut couchée sur le lit son adorable épouse reposant sans voile : son beau corps était découvert ; la blancheur de l'albâtre, l'éclat de la pourpre n'approchaient pas des célestes couleurs nuancées par la nature; un sein voluptueux, doucement agité, supportait des boutons frais pareils à ceux de la rose nouvelle; de longs cheveux noirs retombaient de toutes parts sur des reins dont le ciseau le plus habile n'eût pu rendre l'élégance; enfin cette femme était le chef-d'œuvre du beau idéal. A la vue de tant de charmes, Geoffroy, excité, sentit s'allumer dans son cœur des désirs coupables; l'image de Caliste disparaît, l'épouse de son ami la remplace; il a tout oublié : il ne pense plus qu'Edgard l'attend; il ne redoute point que Rosa se réveille; il la presse dans ses bras, il se livre aux transports les plus effrénés : son bonheur lui semble au dessus de la réalité; mais, malgré ses efforts, Rosa sommeille toujours. « Ah! s'écria-t-il, que manquerait-il à mon délire s'il était partagé? Réveille-toi, Rosa, réponds à mes caresses. Quoi! l'amour ne te sort point de ton assoupissement? Peut-être ton sommeil est-il attaché à cette bague; arrachons-la... » Il dit, et tire la bague avec violence. Soudain, ô terreur! il pousse un cri affreux : ce n'est point la beauté qu'il embrasse, c'est un cadavre hideux, à moitié rongé de vers, pâle, infect et sanglant. A cette horrible vue, Geoffroy, comme frappé de la foudre, tombe en se précipitant du lit qu'il a souillé; une sueur froide pénètre tous ses membres; son sang se glace : il ne peut fuir, il ne peut reprendre l'usage de ses sens: les tourments de l'enfer sont dans son cœur; sa figure se renverse, ses dents se choquent, ses cheveux se hérissent; enfin, rappelant un courage défait, il prend sur lui de s'éloigner; et, muni de la bague fatale, il court retrouver Edgard. Quoiqu'il ne sache point comment il osera l'aborder, l'espace est franchi;

il aperçoit Edgard : celui-ci s'avance vers lui d'un air riant, et, voyant l'effroi imprimé sur toute sa personne : « Ami, lui dit-il, je n'ai point voulu vous prévenir sur la cruelle apparition qui vous était préparée. Apprenez maintenant que ma tendre épouse périt quelques mois après notre union; mais la mort ne put en entier me la ravir, je lui dérobai le corps de Rosa; et, au moyen d'un talisman, je donnai à cette machine désorganisée une nouvelle vie et une carrière à parcourir. Mais, en lui ôtant la bague, le prestige disparaît et le trépas reprend ses droits. » Pendant ce discours, Geoffroy chercha à se remettre. Croyant que son crime n'était point soupçonné par Edgard, il en eut moins d'horreur; mais un tremblement convulsif le saisissait malgré lui, quand la pensée le reportait de la scène épouvantable qui venait de se passer. Edgard, l'ayant de nouveau placé dans le cercle, lui dit : « Voici l'instant que je vous ai promis; vous allez, égal des puissances, leur emprunter leur pouvoir; je vous en avertis d'avance; bannissez toute pusillanimité, rendez-vous digne, par votre assurance comme par votre dévouement, des grands destins qui vous attendent. Je vais vous conduire au sabbat; que ce nom ne vous effraie point; laissez les préjugés au vulgaire : l'adepte doit tout tenter, et le succès couronnera son audace. Voulez-vous me suivre? est-ce bien par votre pure et simple volonté? N'est-ce pas une déférence de votre part? répondez-moi.

— Oui, je vous suis de mon plein gré; je ferai tout ce que je vous verrai faire. » A ces mots, la joie brillait sur le front d'Edgard. « Silence! » s'écria-t-il d'une voix imposante. Soudain commencent les rits impurs par lesquels les noires divinités sont évoquées;

d'abord, aux signes de la baguette, s'élevèrent de la terre une foule de météores rougeâtres, dont la pâleur éclaira les sombres mystères; bientôt des fantômes hideux, de toutes formes, parurent et vinrent assiéger la barrière insurmontable pour eux. Leur voix grêle, leur triste parure portèrent une nouvelle crainte dans le cœur de Geoffroy. Edgard s'en aperçut; alors tous ces esprits de deuil disparurent; un buisson de roses prit leur place. Du milieu de ce buisson sortaient trois jeunes beautés, à demi nues; leur sourire était gracieux : l'une tenait d'une main une coupe d'or remplie d'une liqueur vermeille; un dard aigu rayonnait dans l'autre main : sur sa tête était posée une fraîche couronne de fleurs vermeilles. Son air était languissant, sa démarche incertaine : c'était la Volupté. À sa vue, Geoffroy frémit, se rappelant Rosa; mais sa terreur ne fut pas de longue durée, car la belle nymphe lui ayant lancé son dard, il éprouva une ardeur inconnue dont il fut transporté. Sur ces entrefaites, minuit sonna; un hibou fit entendre, par cinq fois, son cri douloureux. A ce signal, Geoffroy vit descendre des airs un char d'argent, attelé de quatre cygnes au cou recourbé et au plumage de neige. «Il est temps de partir,» lui dit Edgard. Tous deux montèrent sur le char, qui s'éleva avec rapidité au dessus des nues, les emportant vers des régions lointaines. Pendant leur marche, ils furent atteints par plusieurs magiciens et sorciers, les uns montés sur des griffons, d'autres sur des manches à balais; tous saluaient Edgard d'un air de connaissance; ils le félicitaient au sujet du jeune aspirant qu'il conduisait à leur monarque, et, se réunissant autour du char, ils s'empressaient de lui servir d'escorte. Geoffroy, flatté des éloges que ne cessait de lui prodiguer la troupe menteuse et perfide, perdit toute idée de religion; il ne vit que le pouvoir. Ce fut dans ces sentiments qu'il vit le char s'abattre dans une vaste prairie. Là, de nouveaux objets frappèrent ses regards, et leur bizarrerie devint pour lui un motif d'admiration. Ici, pêle-mêle, couchés, se livraient à toute l'extravagance de leur délire d'antiques sorcières à la peau ridée, au teint jaune, à la longue barbe; plusieurs jeunes gens se prêtaient avec ardeur à leurs lourdes caresses. Dans un lieu plus reculé, un groupe malfaisant, sérieusement occupé de la composition d'un cruel maléfice, avait mis sur un feu ardent une vaste chaudière d'airain; dans ses flancs bouillaient tout à la fois du sang d'un enfant de trois ans, nouvellement égorgé; de l'écume de la lune, de l'eau de la mer : de temps en temps on jetait, dans ce mélange infernal, une peau d'un vieux serpent, le pied d'un lézard, la langue et le foie d'un crapaud, une dent de loup, des paquets de verveine, et mille autres ingrédients. Tout auprès, de petits lutins s'amusaient à déchirer des animaux vivants; ils fouettaient de pauvres chiens qui hurlaient à faire pitié. D'un autre côté, se préparaient les aiguillettes, les sorts et les talismans ; là, une troupe enivrée dansait en rond autour du feu, dans lequel brûlait une statue en bois, tandis que, dans le même temps, mourait, consumée par les plus fortes douleurs, la personne dont le nom avait été donné à la statue. S'avançant avec gravité, d'énormes crapauds donnaient la main à de jeunes grenouilles; des hérissons, entre eux, jouaient à la boule. Enfin, tout ce que l'imagination peut enfanter d'affreux ou de ridicule se

trouvait réuni dans ce coupable lieu. Après
que Geoffroy eut considéré à son aise les divers tableaux que je viens de décrire, Edgard
vint l'avertir qu'il fallait aller rendre ses
hommages au grand bouc. Geoffroy suivit son
enchanteur. Il aperçut d'abord une longue
allée tout illuminée de vers luisants qui jetaient un éclat extraordinaire ; entre chaque
arbre, étincelaient des flammes brillantes, et
dans chaque flamme cabriolait un lutin. Au
bout de l'allée, sur un trône de pommes de
pin, était assis un bouc gigantesque ; une
couronne de fer ceignait sa tête hideuse ; des
éclairs jaillissaient de ses yeux immenses ;
dans ses pattes il tenait un sceptre de fer.
Quand Geoffroy se présenta, le bouc impur
se hâta de lui tourner le dos. Geoffroy, instruit par son introducteur, s'avança avec
respect des marches du trône, et vint baiser
au derrière le prince des ténèbres. Celui-ci

lui rendit son salut, et puis, adoucissant le chagrin qui régnait sur son visage, il lui demanda quel motif le conduisait dans son assemblée. Geoffroy lui fit part de ses souhaits. « Je t'accorde tout, lui dit Lucifer, deviens puissant; obtiens celle que tu aimes, je n'y mets qu'une seule condition, c'est de me céder ton château de Montmaure, avec tout ce qu'il renfermera le jour où je viendrai en prendre possession. » Geoffroy, ne se doutant pas du piége qu'on lui tendait, consentit à tout. Alors les chants, les danses recommencèrent, on lui remit une baguette, et le souper fut servi. Geoffroy, ayant voulu goûter à un plat, trouva fade le ragoût qu'il désirait, il demanda du sel : à ce mot fatal, il fut saisi d'un éblouissement subit, et il tomba évanoui.

Le jour depuis longtemps avait remplacé les sombres crêpes de la nuit, lorsque Geoffroy de Montmaure sortit du profond assoupissement dans lequel il était plongé. En ouvrant les yeux, il se pressa de jeter un regard furtif autour de lui. Son étonnement, son chagrin furent à leur comble lorsqu'il se vit couché dans son lit et reposant dans la chambre du château de Belvèse où il avait coutume de demeurer. « Hélas! se dit à lui-même ce pervers qui brûlait de consommer sa perte, tout ce que j'ai vu cette nuit n'était donc qu'un rêve de mon imagination? Elle a disparu cette espérance qui me promettait le trône de Foix et la main de Caliste; tout ce que j'ai vu n'était qu'une erreur. Edgard et son épouse (ici Geoffroy frémit) reposent assurément avec tranquillité, et jamais Edgard n'a eu de pouvoir sur les princes des airs. Mais non, je n'ai point été le jouet de mon imagination; tout ce que j'ai vu portait l'empreinte de la vérité. Courons trouver Edgard; peut-être me donnera-t-il la clef de cette énigme qui me paraît si incompréhensible. »

Geoffroy s'habilla avec vitesse; au moment où il allait sortir de sa chambre, le baron entra et lui demanda s'il se trouvait incommodé. Geoffroy l'assura qu'il se portait fort bien. « En ce cas, lui dit son ami, vous me permettez d'accuser votre paresse qui ne vous a pas permis d'assister à votre déjeûner.

— Il est donc bien tard?

— La douzième heure du jour depuis longtemps est sonnée, vous avez été moins matinal que le sir Edgard et son épouse, car au lever de l'aurore ils sont partis pour l'Angleterre.

— Que me dites-vous, et d'où a pu naître une résolution aussi précipitée?

— Elle était prise depuis longtemps. Je pensais qu'hier, pendant la longue conférence que vous avez eue avec Edgard dans le temps de notre absence, il vous aurait communiqué son voyage prochain. » Geoffroy répondit négativement, et, renfermant dans son cœur son impatience, il suivit le baron, rêvant aux évènements de la veille, qu'il ne pouvait se déterminer à croire des mensonges. Toute la journée, il fut soucieux; tantôt il formait le projet d'aller à la poursuite d'Edgard, et de savoir la vérité de lui; puis il pensait que, si Edgard avait l'intention de ne rien lui apprendre, il lui serait facile de tout nier : d'ailleurs quelle serait sa confusion, si vraiment un rêve affreux l'avait tourmenté, d'aller avouer à quelqu'un qu'il connaissait à peine sa crédulité. La nuit remplaça le jour. Geoffroy, las d'une conversation dépourvue pour lui de tout charme, se retira de bonne heure. Depuis quelque temps il était dans sa chambre, réfléchissant encore, lorsque les vitraux coloriés des fenêtres tremblèrent; un éclair rapide brilla. Geoffroy, ému, pâlit ; soudain un bruit affreux se fait entendre dans la cheminée ; il en vit tomber une boule de feu, qui, ayant roulé pendant une minute, se fendit. Une épaisse vapeur obscurcit la lumière ; elle se dissipa insensiblement, et du milieu de cette fumée sortit Edgard, portant le même costume avec lequel il avait apparu à Geoffroy, à la vision que celui-ci prenait pour un songe. Geoffroy, à la vue d'Edgard, perdit la crainte dont son ame était saisie : « Me reconnais-tu, Geoffroy ? » lui dit le singulier personnage.

« Est-ce une nouvelle illusion qui vient me bercer encore ?

— Ni la nuit précédente, ni celle-ci, tu n'es point le jouet de ton imagination ; tout ce que tu as vu est vrai, et ton pouvoir n'est point une chimère.

— Puissant Edgard, ne me trompes-tu point ?

— Voilà la baguette que te confia hier notre souverain, prends-la, désormais commande, et tu seras obéi.

— Qu'on m'offre à l'instant la couronne du prince de Foix, dit Geoffroy, empressé de connaître l'étendue de sa puissance. » Il achevait, lorsque mille lampes éclairèrent son appartement. Plusieurs jeunes pages, revêtus d'une livrée à ses couleurs, parurent à ses côtés, et quatre beautés portant dans leurs mains un riche coussin pourpre, lui présentèrent la couronne souveraine qu'il avait demandée avec ardeur ; il allait la poser sur sa tête : « Arrête, lui dit Edgard, tu ne peux en espérer la possession qu'après avoir satisfait à la promesse que tu fis hier à ton monarque.

— Faudrait-il de même attendre pour obtenir ma Caliste ?

— Non, Lucifer ne s'y oppose point.

— Esprits soumis à mes ordres, transportez-moi auprès de cette amante adorée. »
Alors un char pareil à celui qui lui avait été servi la veille se présente. Edgard et Geoffroy y montent ensemble. Les oiseaux fées prennent leur vol et vont se reposer sur le donjon du château de Caliste. Elle était dans son oratoire, prosternée aux pieds d'un Christ; elle offrait à Dieu ses pensées du soir, elle priait aussi pour Geoffroy; mais Geoffroy avait plus de part à la miséricorde du Seigneur. A la vue de cet acte de piété, Edgard, violemment agité, fit signe à son compagnon qu'il fallait se retirer. Geoffroy, aussi troublé de son côté, se pressa de partir. Ils remontèrent sur le char et partirent. Pendant la route, Edgard chercha à endurcir le cœur de son ami, il lui représenta le bonheur dont il allait jouir avec Caliste; il l'assura qu'un mois ne se passerait point sans qu'elle

fût son épouse. « Mais, lui dit-il, garde-toi
d'écouter une vaine piété qui pourrait
être funeste à ta grandeur. Emploie le secours
des charmes et des maléfices pour te défaire
des seigneurs assez puissants pour te disputer ta couronne que tu veux conquérir.
Laisse aux faibles mortels leurs craintes,
leurs lâches préjugés.... Tu dois tout braver
toi qui maintenant es l'égal des premières
puissances; ne respecte ni l'âge, ni le sexe;
satisfais tes passions et ressouviens-toi bien
qu'il n'est pas de crime pour celui qu'on ne
peut punir. » Edgard n'avait pas besoin de
parler ainsi à Geoffroy; l'ame de ce jeune
homme était naturellement portée au vice.
Il était méchant par caractère, et les affreuses instructions du tentateur ne furent pas
jetées dans une terre stérile. Geoffroy
s'aperçut que le char ne prenait pas la
route du château de Belvèse. « Où allons-

nous ? » demande-t-il à son conducteur.

« A la grande assemblée, lui répondit celui-ci avec un faux sourire. Il faut remercier le grand bouc de ce qu'il fit hier pour toi. » Geoffroy y consentit. Ils arrivèrent à la prairie de la veille; ils se mêlèrent aux monstres dont ce lieu abondait; ils partagèrent leurs jeux, leurs abominations, et Geoffroy s'en revint en entier perverti, et aussi coupable que Lucifer lui-même.

« Pourquoi, dit-il à Edgard, hier, quand j'ai prononcé le mot sel, tout a-t-il disparu? Pourquoi me suis-je trouvé dans mon lit et pourquoi, dès le matin, avez-vous feint ce voyage en Angleterre?

— Nous ne pouvons souffrir dans nos assemblées le sel, qui nous rappelle des souvenirs que je dois taire; ainsi celui qui en demande est soudain emporté par ordre du maître, et ordinairement jeté dans une fon-

drière et dans quelque précipice. Mais toi
qui dois un jour devenir l'égal du plus puissant d'entre nous, on t'a traité avec plus de
douceur. Comme il fallait cependant te punir
d'avoir contrevenu à mes lois, on t'a laissé
pendant un jour dans l'incertitude sur ton
sort à venir; et, quant à mon voyage, j'ai
feint de l'entreprendre pour détourner de
dessus nous des soupçons élevés par la malignité ou par la vigilance. » Alors ces deux
coupables se séparèrent, en se promettant
de se revoir souvent. Dès le lendemain,
Geoffroy quitta le château du baron son ami,
et revint à Montmaure. Ce fut après que,
pour obtenir la possession de Caliste, il fit
des conjurations si fortes, qu'elles eurent
tout le succès qu'il pouvait souhaiter. Ses pentacles, ses talismans triomphèrent de tous
les obstacles. Le père, le frère de Caliste,
oubliant leur ancienne rivalité avec la famille

de Montmaure, burent avec lui dans la coupe de l'amitié; et, ainsi que le lui avait prédit Edgard, un mois ne se passa point sans que son hymen fût conclu. Enivré des charmes de sa nouvelle épouse, séduit par ses nobles qualités, il oublia ses prestiges, et, pendant plusieurs mois, le bouc ne reçut point ses visites. Alarmé de ces dispositions nouvelles, Edgard lui apparut un soir où Geoffroy venait de quitter Caliste. « Salut au comte de Foix, » dit-il en l'abordant.

« Ah! cher Edgard, réserve ce titre pour un autre.

— Quoi! le grand Geoffroy a-t-il renoncé à son dessein? Sa postérité, qu'il pourrait placer sur un trône, restera-t-elle sujette?

— Il faudrait quitter le repos qui commence à m'être précieux; il faudrait abandonner une épouse chérie.

— Pourquoi vouloir l'abandonner? elle

doit, au contraire, présider à votre entreprise. Il est temps d'agir ; mais votre indolence vous a fait renoncer à votre art ; vous ignorez le danger qui vous menace.

— En est-il pour moi ?

— Apprenez que le comte a, par ses hauteurs, révolté les seigneurs ses vassaux ; des murmures ils ont passé aux complots : on conspire contre lui. La couronne a été offerte au père de votre épouse : il l'a refusée, mais on lui a laissé le choix de nommer un comte ; ce choix ne peut tomber que sur votre beau-frère et sur vous.

— Que dois-je faire pour obtenir la préférence ?

— Immoler Rambaud.

— Le frère de Caliste ?

— Oui, celui dont la haine n'a jamais été que déguisée ; celui sur les coups duquel vous périrez si jamais il devient votre souverain. » En disant ces mots, Edgard souffle sa rage dans le cœur de Geoffroy. Le crime n'épouvante plus celui-ci ; il brûle de le commettre : une vapeur l'enveloppe, il monte dans la chambre de Rambaud, le frappe au milieu de son sommeil, et se retire pour aller, auprès de Caliste, oublier le crime qu'il vient de commettre. Depuis ce moment fatal, nul forfait ne lui coûta plus : son ame endurcie les désirait. Dans les contrées voisines, s'il manquait un jeune enfant, c'est que Geoffroy l'avait immolé dans ses impies cérémonies. Bientôt, malgré le voile dont il couvrait ses opérations, le secret perça partout; la haine et la terreur qu'il inspirait se répandirent contre lui. Vainement son épouse en larmes le conjura d'abjurer ses erreurs et de recourir au Dieu bon qu'il avait abandonné; Geoffroy, loin de se rendre, résolut, fatigué par les prières de Caliste, de la rendre elle-même la victime de ses forfaits. Edgard ne le quittait plus ; Edgard, artisan du crime, soutenait, encourageait Geoffroy. Seul, au milieu de la nuit, dans de profonds souterrains, ils composaient des poisons, des talismans de mort ; il appelaient sur les campagnes des brouillards pestilentiels, les pluies inondatrices, les grêles meurtrières. Cependant la grossesse de Caliste avançait ; Edgard engagea le cruel Geoffroy à consacrer à Satanas l'enfant qui devait naître. Geoffroy accueillit cette proposition avec une barbare joie ; et, voulant faire plus, il décida qu'on profiterait de ce moment pour contraindre Caliste à renoncer au culte de Dieu, et à se vouer à celui des démons. Cette résolution prise, Geoffroy attendit avec impatience l'époque souhaitée. Il n'avait pu effectuer encore son dessein de se placer sur le trône de Foix. Les enfers avaient toujours retardé l'accomplissement de la promesse qu'on lui avait faite à ce sujet; on l'assura qu'elle serait exécutée immédiatement après la naissance de son fils. Le moment arriva; Geoffroy, ayant attendu le rétablissement de son épouse, entra une nuit chez elle, Caliste ne dormait point; elle ne cessait d'invoquer Dieu ; Geoffroy s'approchant d'elle : « Madame, lui dit-il, les puissances que j'adore ne peuvent plus souffrir mon union avec une femme qui refuse de les encenser, vous êtes la cause de mon abaissement; sans vous, le comte de Foix ne serait plus, et son sceptre tomberait en mon pouvoir. J'ai souffert trop longtemps votre obstination ; il faut me céder ou mourir.

— Que dites-vous, sire? Oublierez-vous l'amour dont vous m'avez donné tant de preuves? Voulez-vous me faire quitter le service du Dieu véritable pour embrasser celui des démons?

— Femme audacieuse, oubliez-vous vous-même que j'ai renoncé à ce culte dont vous êtes si fortement aveuglée? Il faut que vous, que mon fils, vous soyez tous les deux consacrés dès aujourd'hui aux dieux que j'adore.

— Mon fils, non, barbare, n'espère pas que je consente à sa perte; mon fils périra plutôt avec son innocente mère avant de permettre le crime dont vous voulez le souiller.

— Qu'attends-tu? dit alors Edgard à Geoffroy, pour immoler cette insensée.

— Oui, qu'elle meure!» s'écria Geoffroy! Il dit, tire son épée, s'avance pour frapper Caliste.

« Seigneur mon Dieu, dit-elle, me laisserez-vous périr sans secours? » Soudain une lumière pure brille, le bras de Geoffroy est glacé : Edgard perd sa figure, deux cornes se dressent sur sa tête, une longue queue de serpent sort de son dos, des ailes de chauve-souris, des ongles crochus, des pieds de griffon annoncent à Geoffroy le prince des ténèbres. Cependant le plafond de la chambre se fend; une intelligence céleste paraît, six ailes envoloppent son beau corps; sur chaque plume, l'or, l'argent, le pourpre, l'azur, le vert, le violet, confondent leurs couleurs brillantes; une ceinture de lumière, à laquelle pend une épée de feu, ceint ses reins; ses yeux sont bleus; le sourire de la divinité irritée repose sur ses lèvres, ses cheveux blonds retombent en boucles sur ses jeunes épaules; une auréole brillante luit autour de sa tête, et dans sa main redoutable il brandit une lance enflammée. A son aspect, Caliste cesse d'être intimidée; il se tourne vers Geoffroy et le foudroie par ces paroles : « Insensé! quel espoir t'a séduit? Victime de la perversité de ton ame, tu pen-

sais éviter à jamais un châtiment inévitable!
Non, tu ne pouvais t'en flatter; l'instrument
de ta perte va le devenir de ton supplice; la
mesure est comblée; Dieu te rejette et t'abandonne au démon avec lequel tu t'es associé. Quoi! barbare, tu voulais égorger ton
épouse et initier ton fils à tes mystères impurs! Tu ne le peux plus; j'accours pour
opérer leur délivrance; et vous, femme infortunée, allez en d'autres lieux pleurer sur
le malheur qui vous unit à ce monstre; et
toi, poursuit-il en s'adressant au faux Edgard,
fais ce que Dieu te permet de faire. » Il dit,
une nuée lumineuse l'environne, Caliste et
son fils disparaissent avec l'ange; et Geoffroy,
toujours immobile, reste seul avec Lucifer.
« Geoffroy! Geoffroy! lui dit celui-ci, te rappelles-tu ta promesse?

— Oui, lui dit en tremblant le coupable
jeune homme.

— Tu devais m'abandonner ton château et tout ce qu'il renfermait. Misérable! je te somme de tenir ta parole : ton château m'appartient, ainsi que ton corps et ton ame. »
A peine a-t-il prononcé ces mots, qu'il s'élance sur Geoffroy, le déchire sous ses griffes acérées et s'engloutit avec lui au milieu d'un gouffre profond, d'où s'élancent la flamme et le soufre embrasé. Depuis cette nuit épouvantable, les démons prirent possession du ténébreux château; de là, comme d'une forteresse ils se répandaient dans tout le pays. Les apparitions hideuses, les assassinats qui se commettaient à l'entour auraient fini par rendre inhabitables tous les environs, lorsque de saints prêtres imaginèrent d'exorciser les diables. Pendant ce temps, Caliste se retira dans un monastère, où elle se consacra au Seigneur; son fils, dès qu'il eut atteint l'âge de raison, suivit son exemple; et ce

fut lui qui forma le projet de chasser Lucifer de l'héritage qu'il avait usurpé sur lui; son entreprise réussit en partie; mais, comme le pacte subsistait, il ne put bannir entièrement la race des mauvais esprits; il fut contraint de leur abandonner la tour du nord, qui, depuis lors, fut appelée *la Tour du Diable*; c'est de ce lieu que s'élèvent souvent des flammes : on aperçoit, à leur lueur, le misérable Geoffroy tourmenté par les démons qui ne lui laissent point de relâche; il pousse des cris effrayants, et ses supplices servent d'exemple à ceux qui voudraient marcher sur ses traces. La nuit des Morts, celle de la veille de Noël et celle de la veille de Saint-Jean, il apparaît, disant d'une voix sépulcrale : *Pères et mères, veillez sur vos enfants, voyez en moi ce que souffrent les damnés, et, par vos prières et vos offrandes, rendez-vous favorable le Dieu inexorable pour moi;*

pour moi pécheur qui, par mes crimes horribles, ai tant mérité mon châtiment; car n'est-ce pas se charger d'une coulpe effroyable que de déplaire volontairement à notre Benoît Sauveur, et à madame sa mère la très sainte Vierge, reine des anges et des hommes ? Amen. »

Le grand Seigneur maudit.

Puisque je suis à raconter des histoires extraordinaires, la fantaisie me prend de faire encore ici le récit d'un fait non moins singulier qui est advenu à la dernière branche connue de la maison de Foix. On sait que les chefs de cette race illustre, souverains de plusieurs belles seigneuries situées au pied des Pyrénées, brillèrent d'un grand éclat. Mais, peu à peu, leur héritage tomba en quenouille, et la maison de France finit par le recueillir dans son intégrité.

A côté de la branche régnante, plusieurs rameaux collatéraux végétaient, languissaient et disparaissaient successivement. L'un d'eux, entre autres, s'éteignit avec la comtesse de Foix-Fleix, dame d'honneur d'Anne d'Autriche.

Or, dans un château d'une de ces branches de la maison de Foix, et situé au fond d'une gorge des Pyrénées, vivait, vers la fin du XVIIe siècle, un marquis de Foix : c'était un gentilhomme terrible, redouté de ses voisins et haï de ses vassaux. Il molestait les uns, il pesait de tout son poids sur les autres, sans qu'on pût ni se venger ni lui nuire en rien. L'attaquait-on en duel, il tuait son adversaire; et le cas dénoncé, il prouvait que ce n'avait été qu'une rencontre où il avait eu à défendre sa vie contre un injuste agresseur.

Si l'un de ses fermiers, poussé à bout, tentait d'incendier ses récoltes, ses granges, le feu était aussitôt éteint. On essaya une fois de le faire sauter à l'aide d'une mine : la mèche prit feu, brûla jusqu'au bout; mais la poudre mouillée ne s'enflamma pas. L'attendait-on à la sortie d'un bois pour lui tirer un coup de fusil, comme par inspiration, il prenait une autre route, où une branche d'arbre détournait la balle.

Il ne buvait jamais que dans un verre de matière inconnue et qui avait la propriété de faire bouillonner jusqu'au degré d'évaporation toute liqueur empoisonnée qu'on y aurait versée. Lui servait-on des champignons vénéneux, un instinct secret l'en avertissait. C'était donc peine perdue que de tenter de se débarrasser de lui.

Des bruits étranges couraient à ce sujet ; on se racontait dans les métairies, dans les humbles maisons des chapeaux noirs du lieu, et avec autant de mystère, chez les hobereaux de la contrée, que, cinquante ans auparavant, le fils aîné du marquis de Foix avait disparu, âgé de trois ans six semaines. Longtemps après, son corps avait été retrouvé dans une caverne, la poitrine fendue ; on en avait ôté le cœur, et près du cadavre s'élevait un autel de marbre portant une inscription romaine qui le dédiait aux dieux infernaux ; dans le creux, parmi des charbons éteints, et répandant une odeur infecte, on crut voir le reste de ce cœur plus qu'à moitié consumé.

Les restes de l'héritier du marquis furent

rapportés au château. Le père les vit d'un œil sec. La malheureuse mère en expira de douleur. Dès ce moment, toutes les entreprises du marquis prospérèrent, et ses ennemis furent confondus. Les complots les mieux concertés échouèrent quand il s'agissait de lui faire tort, et il se trouva dans une plénitude marquée de puissance et d'autorité. Il en abusa pour devenir le tyran de la contrée et pour prendre la haute-main sur les seigneurs des alentours. En vain on se ligua, en vain on l'attaqua à force ouverte ou par des voies détournées, sa fortune triompha toujours.

Cinquante ans s'écoulèrent dans cette perpétuité de bonheur. Le marquis de Foix parvint à une vieillesse reculée; mais, au lieu de jouir de tant d'avantages, on le vit constamment sombre, morose, inquiet, soucieux; il ne se livrait qu'avec contrainte à tous les divertissements d'usage, il préférait la solitude au fracas du monde, et jamais il ne s'approcha de la cour de Louis XIV, dans laquelle affluait toute la noblesse du royaume.

Pendant ce long espace de temps, deux faits frappèrent les gens du pays. Le premier fut que le marquis fit enceindre de hautes murailles la caverne où son fils avait été trouvé mort. On y pratiqua une porte épaisse en fer dont il garda devers lui les quadruples clefs. Le second fut que tous les ans, au jour anniversaire du crime commis sur la jeune victime, le marquis se rendait tout seul sur le théâtre de ce forfait, où il veillait pendant la nuit jusqu'au lendemain.

Cette conduite, loin de nuire à ce seigneur, le montra sous un plus beau jour. Il paraissait nourrir une douleur profonde et invétérée de la perte irréparable qu'il avait faite,

et on lui en savait gré. Mais, d'une autre
part, pendant cette nuit, des feux errants
couvraient la montagne ; on entendait des
cris discordants, des bruits sinistres roulaient
dans les gorges de la vallée. A ce tapage
épouvantable, chacun fuyait frappé de consternation, on se demandait si ce n'était pas
la troupe des démons qui se rassemblait
dans ce lieu sacrilége.

Les occasions étaient rares où le marquis
de Foix appelait dans son château les seigneurs ses voisins. Jamais ces sortes de fêtes
n'avaient lieu aux approches et à la fin de
l'époque de sa retraite dans la grotte de la
montagne. Mais, en d'autres temps, il y avait
des circonstances où malgré lui il était contraint de leur ouvrir sa maison. Alors éclatait dans toute sa magnificence le faste des
princes de Foix. Des milliers de bougies, de
torches étincelantes, éclairaient les appar-

tements tendus de riches tapisseries de soie d'or et d'argent. Les meubles précieux étaient mis en évidence. La salle à manger ne désemplissait pas ; les tables se montraient somptueusement garnies de vases de matière rare, de pièces d'orfévrerie, en un mot de tout ce qui attestait l'antiquité des aïeuls du marquis. Les joueurs d'instruments les plus célèbres des contrées voisines de Toulouse venaient, dans ces grands jours, rehausser la pompe de ces fêtes par des concerts d'harmonie. Les belles voix, si communes dans le midi, ne manquaient pas non plus à ces solennités, où le chef du lieu se montrait galant, empressé auprès des dames, prodiguant les bals, les parties de chasse et les fêtes, de manière à se maintenir au premier rang parmi ses égaux.

Un jour où il s'agissait de célébrer le mariage de son petit-fils aîné, jamais réunion n'avait été plus belle, jamais plus de faste et de contentement ne s'étaient rencontrés sous les voûtes de ce château. La nuit étant venue, les jeux n'en furent pas interrompus pour cela, une multitude de luminaires remplacèrent la clarté du soleil; le concert venait d'être terminé, on causait en attendant le moment de passer dans la salle où le souper était servi : là on savait qu'à l'avance chaque convive avait sa place marquée, celle que l'étiquette lui accordait strictement; il fallait alors si peu de chose pour choquer l'orgueil de cette noblesse turbulente et fière, qu'on avait beaucoup de peine à l'amener à ce qu'elle accédât à un réglement de rang.

Le bruit inusité d'un cor de chasse retentit hors du château, mais avec tant de fracas qu'il couvrit le tumulte d'une conversation animée : on se regarda, on se demanda quel haut baron pouvait venir si tard; le maître de la maison se montra un instant embarrassé, néanmoins il ne dit rien et ne fit aucun geste que l'on pût interpréter.

Le cor sonna de nouveau, plus aigre, plus éclatant, tonnant pour ainsi dire cette fois. Les dames, par un mouvement involontaire, se rapprochèrent chacune de leur protecteur naturel. Le chevalier Izalguier, dont la famille tenait sans contestation la première place dans la ville de Toulouse, s'adressant au marquis, lui demanda qui, parmi les voisins, manquait à la cérémonie et qui pouvait s'annoncer aussi arrogamment.

« Je l'ignore, lui fut-il répondu d'un ton sec, je vais envoyer à la découverte et je suivrai bientôt. »

Mais la parole expira dans la bouche du marquis à la vue du personnage qui entra dans ce moment. Il était de haute taille, vêtu à la mode du règne de Louis XIII; ses traits sombres, farouches et hautains à la fois, commandaient la crainte et le respect; il paraissait marcher avec difficulté et s'appuyait sur une canne de bois d'ébène richement garnie en or et en rubis : le prix de cet objet parut inestimable aux connaisseurs; son chapeau de feutre fauve à larges bords garni d'un point d'Espagne était environné d'un triple cordon de rubis; tout en lui dénotait une haute position sociale et un grand usage du monde ; néanmoins il salua à peine l'assemblée, fendit arrogamment la foule, et, parvenu devant le maître de la maison, se contenta de lui dire : « *Me voici!* » puis il demeura en face de lui debout et immobile.

« Pourquoi venir ? repartit M. de Foix avec une expression non moins impérieuse, ces jours ne vous appartiennent pas.

— Vous êtes dans l'erreur, monsieur le

marquis, lui fut-il ironiquement répondu ;
le temps est à moi depuis ce matin.

— Il y a erreur.

— De votre part soit, je ne le conteste pas;
de la mienne il y a droit.

— Il y a erreur, faut-il le répéter?

— Il n'y en a pas, je me plais à le redire.»

Le marquis, à ces derniers mots, pâlit.

« J'ai donc été joué? »

Un sourire insultant fut la seule réponse
de l'inconnu qui se mit à dire ensuite :

« Au reste, monsieur le marquis, on ne
compte pas si strictement avec ses amis; une,
deux, trois heures de plus ou de moins ne font
rien à l'affaire : l'échéance venue, le droit assuré, on peut s'entendre, s'accommoder peut-
être. Allons, que ma présence ne trouble point
la joie de la compagnie, j'en serais fâché.»

En entendant ces phrases obscures, les
dernières surtout, les convives s'imaginèrent

que cet étranger avait prêté de grosses sommes au marquis, et qu'il prenait mal son temps pour en réclamer la rentrée; mais qui était-il? c'était ce qu'on se demandait avec anxiété; car sa présence, loin de plaire, répandait dans l'assemblée une vague inquiétude, d'autant plus qu'il avait prononcé ces dernières paroles, que sans doute il tenait à rendre gracieuses, avec l'expression d'un homme qui veut envoyer l'univers à Satan.

On observa que le marquis se sentit un peu soulagé de ce qui venait de lui être dit, bien que ses yeux attachés sur son créancier conservassent une expression indéfinissable d'effroi et de dégoût.

Le maître-d'hôtel, tandis que deux valets de pied ouvraient les battants de la porte principale de la salle à manger, annonça, selon l'usage, que le souper était servi. Le marquis restait comme frappé de la foudre et oubliait de donner la main à la vieille marquise de Rochechouart, à laquelle, la veille et le matin, il avait fait cette politesse comme à la femme la plus qualifiée de la réunion : un de ses petits-fils répara son inadvertance.

L'inconnu passa comme les autres dans la salle à manger, suivi à pas lents par le marquis auquel il fit signe qu'une place manquait pour lui.

« Prenez la mienne, dit M. de Foix, aussi bien.... »

Il s'arrêta au geste impérieux que l'inconnu lui adressa. Celui-ci, loin de se défendre d'accepter une telle marque de distinction, prit, sans plus de façon, le fauteuil du marquis, et chacun, de plus en plus intrigué, brûlait à part soi du désir de percer ce mystère étonnant.

En vain les musiciens firent des merveilles, on ne les écouta pas; en vain des escamoteurs, joueurs de tours de gibecières, essayèrent d'égayer les convives avec le même succès qu'ils avaient eu la veille, on ne daigna pas faire attention à eux : la somptuosité du service resta inaperçue, toute l'assemblée n'avait des yeux que pour examiner l'inconnu; il se tenait gravement à sa place sans manger, et sans servir personne, on eût dit une statue, tant il était inanimé; il n'y avait que ses yeux qui lançaient des flammes. Le marquis se promenait de long en large à grands pas, sans s'apercevoir de ce qui se passait autour de lui.

Vers le milieu du souper, le son du cor qu'on avait déjà ouï se fit entendre une troisième fois; le marquis s'approcha de l'inconnu, sa figure était bouleversée. L'inconnu, au contraire, affectant un calme plus grand, se mit à sourire, et s'adressant au maître de la maison :

« Ils sont pressés, dit-il, mais je vais leur commander d'attendre. Adieu, soyez prêt à minuit. »

Ces mots prononcés, il salua la compagnie, se leva et sortit de la salle sans que le marquis l'accompagnât selon l'usage, ce qui donna encore ample matière à l'observation. Le départ de l'inconnu délia les langues, on parut respirer plus à l'aise, et la marquise de Rochechouart ne put s'empêcher de dire au marquis :

« A quelle province appartient donc ce seigneur si familier et si sombre ?

— Madame..., il est étranger !...»

Ceci fut répondu si sèchement, que la marquise de Rochechouart n'ajouta rien à sa première question.

Le souper s'acheva, mais tristement ; nul

ne voulut danser ensuite : chacun, au contraire, désira se trouver seul ou en petit comité. Ceux qui ne logeaient pas au château ou qui avaient leur gîte dans les gentilhommières des environs partirent presque aussitôt qu'on eut quitté la table ; les autres se retirèrent dans leur appartement ou dans la chambre qu'on leur avait désignée; à dix heures, la famille seule était réunie dans le salon.

M. de Foix avait son fils aîné, homme âgé de cinquante-six ans environ; on le citait partout pour la pureté des mœurs, sa haute piété, son courage et ses vertus; c'était lui qui venait de marier un de ses enfants. Il avait mieux que tout autre caché sa surprise ou plutôt la stupéfaction que lui avait causée la venue de cet inconnu, ses formes impérieuses et la rudesse de ses paroles; mais quand il n'y eut plus d'importuns entre son père et lui, le comte de Foix allant à celui-ci :

« Monsieur, dit-il, auriez-vous la bonté de m'accorder un quart d'heure de conversation ? »

Jamais pareille requête n'était sortie de sa bouche, elle étonna le marquis lui-même qui lui répondit :

« Que me voulez-vous ?... non... Eh bien! venez avec moi dans ma chambre. »

Arrivés là, le dernier ferme la porte et tombant à genoux :

« Mon père, dit-il d'une voix étouffée par l'émotion, et tandis que ses yeux se remplissaient de larmes, mon père, au nom de Dieu, sous quelle affreuse obsession êtes-vous tombé! Parlez, avouez-moi si ce que je redoute est vrai, peut-être aurons-nous le temps de vous sauver. »

En entendant le comte de Foix s'énoncer ainsi, le fier vieillard laissa éclater sur ses traits une colère violente, il recula de deux pas, et sans relever son fils :

«Vous êtes fou, » essaya-t-il de lui dire avec froideur; mais le tremblement convulsif de ses lèvres et la pâleur de ses traits démentaient ses paroles.

« Je suis malheureux et non insensé; plût à Dieu que j'eusse perdu la raison et que vous fussiez libre, mais l'êtes-vous?

— Je le suis.

— Non.

— Un démenti, monsieur!

— Je dis vrai, vous avez accordé sur vous un funeste empire; ah! mon père, votre corps, votre ame ne vous appartiennent plus. »

Le marquis tressaillit de nouveau; cependant, loin de persister dans ses dénégations, il garda un farouche silence.

« Ah! poursuivit le comte, vous vous êtes

donc livré à l'ennemi du genre humain, et je vois réalisé ce que je craignais depuis tant de temps; mais pouvais-je croire à une erreur pareille? Oh! mon père, allons à la chapelle; appelez votre aumônier, la bonté de Dieu est immense, il ne vous abandonnera pas.

— Monsieur de Foix, dit le marquis, relevez-vous; depuis que vous me connaissez, m'avez-vous vu manquer à ma parole quand je l'ai donnée?

— Jamais, mon père.

— Eh bien! si j'ai pris un engagement, fût-ce avec le diable, mon honneur ne me contraint-il pas à l'accomplir dans toutes ses conséquences? Savez-vous, d'ailleurs, de quel prix ce pacte solennel peut avoir été cimenté?

— Que le ciel me préserve de le savoir, qu'il me soit caché sous un voile épais, je veux respecter mon père, je veux encore l'aimer.

— Tranquillisez-vous; en vous parlant ainsi, je me joue de votre crédulité : l'homme que vous avez vu tantôt est Suisse; nous avons des comptes à régler ensemble, je croyais l'échéance reculée de plusieurs années; il est venu inopinément me dire le contraire; nous nous sommes donné rendez-vous pour cette nuit; une explication s'ensuivra, et demain tout sera dit. »

Un homme, moins éclairé que le comte de Foix, aurait admis cette dernière allégation; mais il voyait trop les efforts que faisait son père pour vaincre son agitation; aussi reprit-il vivement :

« Ne vous flattez pas de me tromper : un personnage extraordinaire a paru au milieu de nous : cet homme est un mauvais ange;

mon père, revêtez-vous contre lui des armes de notre sainte religion.

— Oui, dit le marquis avec un sourire amer, pour perdre en un seul instant le fruit d'une lutte de cinquante années, pour consentir à me rendre la risée de mes égaux et de mes inférieurs, pour qu'on se moque de ma lâcheté, pour que je me donne en spectacle à quiconque voudra me voir, l'étole au col, arrosé d'eau bénite, et conduit en triomphe par un prêtre.... Non, non, cela ne sera pas.

— Sauvez votre âme, monsieur, c'est là l'essentiel; l'orgueil perdit l'archange rebelle, l'humilité peut vous arracher à son pouvoir. »

Puis le comte de Foix, continuant, essaya d'émouvoir son père, de le ramener à de meilleurs sentiments; ce fut en vain; l'entêté vieillard avait pris son parti; aveuglé par une vanité démesurée, il persista à refuser l'aide que lui promettait notre culte saint, et minuit sonna que ce débat durait encore; aussitôt les gorges de la montagne et les vastes salles du château retentirent des sons du terrible cor, une sueur froide ruissela du front du comte de Foix, le marquis demeura impassible.

« On m'appelle, je ne dois plus tarder, laissez-moi sortir, aussi bien vous opposeriez-vous sans fruit à mon passage. Je romprai la conférence dès que je le pourrai, je reviendrai, je vous l'assure; si, par une fatalité sans exemple, mon absence se prolongeait; si cet homme, en vertu de notre contrat, exigeait que je l'accompagnasse dans un voyage où je peux lui être nécessaire; si enfin je ne revenais pas, vous trouverez mon testament dans ce secrétaire; surtout, mon fils, je vous commande, par tout ce que vous avez de plus cher au monde, de ne point pénétrer dans la grotte fatale où...» Le marquis s'arrêta, une pâleur mortelle couvrit son visage; puis reprenant :

« Oui, je vous en conjure, qu'une muraille en cache la porte, que nul après moi.....»

Le cor recommença ses sons hâtés.

« Adieu, mon fils ! »

Et le marquis, repoussant le comte de Foix qui cherchait à s'attacher à ses habits pour le retenir, se précipita vers un cabinet voisin; là, fermant de deux verrous la porte qui s'ouvrait dans sa chambre, et sans répondre aux cris qui l'appelaient, il profita d'un escalier dérobé, inconnu jusqu'alors à tous les gens de la maison, pour s'éloigner du château.

Cependant le comte de Foix, hors de lui, appela ses gens; et tandis que ceux-ci, à coups de marteau et de hache, brisaient la porte qui les séparait de leur maître, le comte courut invoquer l'aide de l'aumônier du lieu. Celui-ci était un digne prêtre, recommandable par une longue vie tout entière passée dans la piété et les devoirs de son état. Il reposait paisiblement à cette heure avancée, et se leva épouvanté lorsque le comte de Foix l'eut instruit de ce qu'il redoutait.

Le chapelain, de son côté, avait souvent formé de sinistres conjectures ; jamais il n'avait vu le marquis s'approcher de la sainte table, ni même consentir à paraître au tribunal de la pénitence. Il se leva précipitamment, revêtit ses habits sacerdotaux, prit le rituel, le goupillon et un vase rempli d'eau bénite, et dit au comte qu'il était prêt à le suivre partout où il jugerait à propos d'aller.

Sur ces entrefaites, les gens qui étaient parvenus à enfoncer la porte du cabinet trouvèrent, après plusieurs recherches infructueuses, une trappe qu'on leva; elle donna passage sur un escalier qu'on descendit non sans quelque frayeur : il s'enfonçait très profondément dans la terre et parvenait à un souterrain dont l'issue atteignait une grotte située à quelque distance du château, en dehors des murs; mais nulle part on ne vit la trace du marquis.

Le comte de Foix, que sa douleur égarait, passa la nuit dans de vaines recherches. Ce ne fut qu'au jour naissant que, se rappelant les dernières paroles de son père, il imagina de faire enfoncer la porte de fer par où l'on pénétrait dans la caverne mystérieuse. On n'y parvint qu'après un travail opiniâtre. Mais les plus intrépides, parmi les gens de la maison, déclarèrent, quand la porte fut ouverte, qu'ils n'iraient pas plus avant si le pieux aumônier ne se mettait à leur tête.

L'aumônier passa donc le premier en répétant les prières de l'exorcisme consacrées par le rituel. Le comte venait après lui, suivi de ses frères, de ses enfants et de quelques amis d'élite ; chacun d'eux portait un crucifix d'une main et tenait une torche de l'autre. On sentit, en mettant le pied dans la caverne, une odeur sulfureuse et infecte qui fit reculer les plus braves. Cependant l'intrépidité du chapelain et du comte rassurant le cortége, on pénétra plus avant.

Ce fut avec un sentiment de profonde horreur que l'on aperçut je ne sais combien de squelettes humains, rangés sans ordre autour du sinistre autel dont j'ai déjà parlé. Il y avait sur celui-ci des charbons éteints et les cendres étaient encore chaudes ; mais rien de plus ne frappa les regards. Une sévère investigation ayant été sans aucun résultat, la trace du marquis de Foix demeura perdue, et jamais il ne reparut depuis dans les terres de son domaine.

Le comte aurait voulu, conformément à la volonté paternelle, faire clore sans retour la caverne. Mais ses vassaux et un ordre de l'évêque diocésain s'y opposèrent. On décida, au contraire, que ce lieu abominable serait purifié, et qu'un autel à la très sainte Vierge y serait élevé : ce qu'on exécuta. On prétend que, chaque nuit, on entend autour de ce lieu un tapage infernal, et maint paysan de la contrée cite ceux de ses voisins qui ont vu nuitamment le marquis de Foix parcourir la campagne, escorté par une légion de démons qui prennent plaisir à le tourmenter et à lui faire pousser d'épouvantables hurlements.

Ce qu'il y a de certain, c'est la disparition de ce seigneur, qui cessa de donner de ses nouvelles, depuis qu'il avait répondu à l'invitation de son hôte étrange. Il fut dit qu'étant parti pour la Suisse il avait fini ses jours dans le monastère de Saint-Gall. Mais ce fait n'a pas été éclairci, du moins par la famille. Celle-ci déclina rapidement, et, quarante ans après cette aventure, elle s'était éteinte dans toutes ses branches; du moins, je ne connais plus aujourd'hui de descendants légitimes de la grande et première maison de Foix, d'où celle-là descendait (1).

(1) La maison princière de Foix descendait primitivement des premiers comtes de Carcassonne; elle tomba en quenouille et passa successivement dans plusieurs familles : une dernière fut celle de Grailly, si célèbre pour les grands hommes qu'elle a fournis, notamment l'illustre Jean de Grailly, captal de Buch. Outre diverses branches de la maison de Foix, qui descendaient des Foix Fabas, et dont quelques unes existent encore, et le grand rameau des Foix-Grailly, à part la branche de ce nom, qui est venue se fondre dans la maison royale de France, par les d'Albret, et à laquelle les Lamothe-Langon ont donné une femme dans Clair-

Elle avait, dans le midi de la France, une splendeur et un pouvoir acquis, à juste titre, par de la valeur, de la munificence et les qualités héroïques qui semblent propre au moyen-âge.

monde de Lamothe, fille de Pierre-Raymond de Lamothe, chevalier, sire de Langon, premier baron du Bazadois, etc., vicomte de Noaillan et Roquetaillade, qui épousa Jean de Grailly, il existe encore une autre branche des Foix-Grailly, en possession de titres incontestables, et qui est aujourd'hui représentée par M. de Foix-Grailly, habitant Paris, et habile peintre de paysage.

Du mariage de Jean de Grailly avec Clairmonde de Lamothe, naquit, au quatrième degré, Archambaud de Grailly, comtesse de Foix, qui, en 1501, épousa Jean d'Albret, celui-ci le trisaïeul de Henri IV, roi de France et de Navarre, d'où descendent les Bourbons aujourd'hui régnants.

L'écusson des Grailly porte ; *de sable à la croix d'argent chargée de cinq coquilles du champ :* Parti; *d'or à trois pals de gueules;* qui est de Foix.

Les Deux Yeux.

Le 7 mai 1737, à neuf heures du soir, le comte de Villanova, riche seigneur de la côte de Dalmatie, était à souper avec des dames et quelques amis, tous habitant la ville de Zara. Un valet vint lui parler à l'oreille. Le

comte ensuite s'adressant à l'assemblée :
« Notre réunion, dit-il, va être augmentée
d'un convive aimable qui nous arrive de
Sicile; le marquis del Val di Torre me l'adresse : c'est un gentilhomme étranger, gracieux et beau : il ne manque ni d'esprit, ni
de fortune; vous plairait-il que j'aille le recevoir, et que je l'amène parmi nous? »

Un chorus général d'approbation répondit à la demande du comte Villanova, il
se leva, sortit, et son retour fut attendu avec
impatience. La nouveauté ne cesse d'avoir
de l'attrait, les dames surtout avaient envie
de voir le noble voyageur. Le comte ne revenait pas; son absence se prolongeait outre
mesure; les minutes paraissaient des heures.
Il se montra enfin, mais pâle, mais embarrassé, et faisant passer devant lui son hôte :
celui-ci était grand, mince et bien conformé;
il avait des cheveux noirs et une figure assez

belle, mais tellement décolorée, tellement immobile jusqu'aux yeux, qui ne jouaient pas dans leurs orbites, qu'il faisait mal à voir. La compagnie s'apprêtait à l'accueillir avec une gaîté cordiale; et, aussitôt qu'elle l'eut vu, le projet fut oublié; chacun s'étonna de se sentir gêné et d'éprouver pour l'étranger une répulsion extraordinaire. Lui salua gravement, acceptant la place d'honneur qui lui fut offerte; il n'en fut pas de même des mets divers qu'on lui proposa; aucun ne se trouva de son goût; et, pour se débarrasser des instances qu'on lui faisait, il déclara qu'aux prises avec une maladie intérieure et bizarre il ne mangeait que très rarement.

Toute joie, ai-je dit, avait disparu dès son entrée. Ceux présents ne pouvaient se lasser d'admirer ce visage si surprenant par sa fixité perpétuelle; on était étonné que des lèvres si raides pussent laisser échapper des sons articulés, et l'infirmité dont le signor Alterno se trouvait atteint paraissait unique dans les fastes de la médecine. Nul des convives ne désira prolonger le souper et même la veillée; on partit peu à peu, et chacun alla chercher dans le sommeil l'oubli d'un tel personnage. Le comte de la Villanova, fâché d'avoir à le bien traiter, était encore moins à son aise que ses amis. Cependant, sa générosité ne lui permettant pas de rien manifester de ses pensées secrètes, il fit de son mieux pour persuader au signor Alterno qu'il avait du plaisir à le recevoir.

L'heure de se coucher sonna..., celle de onze heures.... Le nouveau venu fut conduit dans une chambre qui donnait sur la campagne.

Au coup de minuit, un cri terrible, prolongé, perçant, réveilla en sursaut tous les habitants du palais de Villanova; ils prêtèrent l'oreille et n'entendirent plus que des gémissements touffés, qui, peu à peu, se perdirent dans le bruit accoutumé des vagues de la mer Adriatique heurtant contre le rivage. La chose n'en parut pas moins singulière…. Le lendemain, au point du jour, on trouva, proche les fossés, un paysan des environs étendu roide mort; il parut qu'une main vigoureuse l'avait saisi et étranglé. Son cou noirci portait encore l'empreinte de cinq doigts fortement enfoncés dans les chairs: l'un des deux yeux de ce misérable avait été enlevé soigneusement, sans qu'il en restât aucune trace autour du cadavre.

Les assassinats sont communs en Dalmatie où chacun se fait justice soi-même. La vengeance individuelle est un droit que la loi songe rarement à punir. On crut que le villageois avait péri pour une cause pareille, on lui attribua les cris déchirants qui avaient troublé les habitants du château, et on cessa de s'occuper d'un évènement si ordinaire. Le comte, à qui on apporta cette nouvelle, attendait le réveil de son hôte pour venir le complimenter dans son appartement. Le signor Alterno se leva tard, et prétendit avoir beaucoup souffert. Comme la partie gauche de sa tête demeurait couverte d'un bandeau qui s'étendait sur la moitié du visage, il en donna pour raison que des douleurs aiguës survenues à l'œil placé de ce côté l'obligeaient de prendre cette précaution ; le comte l'en félicita, puisque cela, assurément, annonçait la fin de cette paralysie apparente dont ses traits étaient frappés.

« Oui, dit le signor, je sens que mon œil se remue. » En effet, le soir au souper, le bandeau avait disparu et le cristallin radieux et la prunelle jouant sous les paupières s'ouvraient et se refermaient à volonté.

Le signor, soumis, à ce qu'il disait, à un régime sévère, demanda que, pendant la journée suivante, on portât dans sa chambre des fruits, de l'eau et une jatte de bouillon : ce fut toute sa nourriture; et il refusa soit à dîner, soit à souper, ce qu'on lui offrit encore. Sa conversation était grave et briève; il parlait peu, avec difficulté, et si son amabilité ne se montrait guère, on n'en était pas refait par l'agrément de ses traits; devenu plus hideux depuis qu'un seul œil avait vie au milieu de l'immobilité du reste de sa physionomie.

Certes ce n'était pas cet homme que le marquis del Val di Torre avait peint sous des couleurs si gracieuses. On ne pouvait s'imaginer qu'il se fût trompé ainsi, et l'on finit par croire qu'il s'était sans doute diverti à mander une contre-vérité. Plusieurs jours s'écoulèrent; la maladie de signor Alterno lui servit de prétexte pour sortir rarement de sa chambre. Il faisait, disait-il, des remèdes qui l'amèneraient à retrouver l'usage de son autre œil, et nul ne s'attachait à le troubler dans sa retraite.

Il y avait, non loin du palais, une vieille femme vivant misérablement des bienfaits de la charité publique, et du travail opiniâtre de sa petite-fille âgée de quinze ans et vrai miracle de beauté. Cette créature innocente était remarquable surtout par l'éclat de ses yeux noirs. Margaretta, innocente autant que belle, ne sortait jamais; elle couchait dans une petite chambre au fond d'une cour et dont son aïeule gardait soigneusement la clef de la porte extérieure, tandis que celle communiquant à sa propre chambre demeurait toujours ouverte.

Alterno avait vu d'une fenêtre du palais la douce Margaretta, et admirait, avec le comte de Villanova, ses yeux si resplendissants.

Un soir on frappa à la porte de la vieille Ipanza, et une de ses amies la pria de venir veiller auprès de sa jeune fille dangereusement malade. Ipanza elle-même était incommodée ; elle ne pouvait sortir, et néanmoins regrettait le prix dont on aurait payé ses soins. Margaretta, comprenant la peine de son aïeule, s'offrit de la remplacer auprès de la demoiselle dont elle était d'ailleurs connue, à condition, toutefois, qu'une autre personne de son sexe viendrait occuper son lit, pour que la vieille Ipanza ne demeurât pas seule : la chose s'arrangea facilement ; une femme logée dans la même maison consentit à coucher en son lieu et place, et Margaretta partit.

Minuit sonnait à l'horloge de la cathédrale de Zara, lorsqu'un cri épouvantable partit soudainement de la maison de Margaretta. L'effroi répandu dans le logis mit chacun sur pied; on vint chez Ipanza. Elle-même, saisie de peur (car elle avait entendu presqu'à son oreille cette clameur horrible), eut une grande peine à ouvrir ; on s'étonna que sa compagne restât tranquille quand tous étaient troublés; on passa dans la chambre où elle devait reposer.... La pauvre femme fut aperçue jetée en dehors de son lit, expirée par l'effet de la strangulation, ouvrage d'une main qui avait laissé son empreinte sur la peau du cou.... L'œil droit manquait à cette infortunée, et on l'avait arraché proprement, de telle sorte qu'aucun vestige ne s'en trouvait.

Un tel crime parut étrange ; on se rappela celui du même genre commis naguère sur un paysan et près du palais de Villanova. Les soupçons tombèrent d'abord sur Ipanza ;

mais ses doigts que l'on mesura, pour les comparer à la trace de ceux que l'on voyait marqués à la gorge de la défunte, parurent évidemment plus petits ; et puis à quoi ce meurtre eût-il servi à Ipanza? Qu'aurait-elle fait de l'œil qui avait disparu?

Le signor Alterno reparut le jour qui suivit cette nuit fatale avec un nouveau bandeau sur la partie droite de la figure, parce qu'enfin, disait-il, grâce aux remèdes violents qu'il prenait, il ressentait de ce côté les mêmes douleurs dont naguère la guérison de son œil gauche avait été précédée.

L'heure du souper arriva. Les mêmes convives qui avaient assisté à l'introduction du signor Alterno chez le comte Villanova étaient réunis, pour faire à l'hôte de leur ami les derniers adieux, car il avait annoncé son départ pour cette même nuit. Vers le milieu du repas, une dame s'avisa de demander à Alterno s'il ne quitterait pas son bandeau : « Peut-être, dit-elle, le mal aura cessé?

— Je le pense comme vous, » repartit-il ; et en même temps il dénoua le mouchoir dont il s'était servi.

Il y voyait ; son œil droit roulait aussi dans son orbite, comme le gauche.... Tout à coup un chanoine de la cathédrale, placé en face de l'hôte du comte de Villanova, laisse échapper une exclamation d'horreur, lève ses bras au ciel, et s'écrie :

— Miséricorde ! que vois-je ! l'œil droit du signor n'est pas semblable à l'autre qui est bleu ! il est noir, c'est étrange..., car l'œil de la femme étranglée la nuit dernière et que l'on a cherché en vain était noir pareillement.

— Quoi, dit Alterno sans réfléchir, ce n'est donc pas Margaretta qui est morte?

— Non, démon, non, vampire, non, boucolatre, s'écrie-t-on ; tu as été trompé par l'épaisseur des ténèbres.

— Que Dieu soit maudit, et vous tous avec! « dit le fantôme ; car c'en était un.

Et aussitôt il prit le couteau posé près de lui sur la table, l'enfonça dans son œil droit qu'il arracha, et, l'ayant jeté à la figure du chanoine, il courut à une fenêtre, l'ouvrit précipitamment, s'élança au travers et disparut. Les uns dirent qu'il avait pris sa volée dans l'air ; d'autres que, tombé sur la terre, il s'était retiré dans les flots de la mer Adriatique. On ne le revit plus.

Les vampires et boucolatres sont au nombre des superstitions les plus enracinées sur la côte grecque de l'Adriatique, dans le Péloponnèse, la Grèce et toutes les îles de l'Archipel ; la même croyance frappa de terreur les Hongrois, les Transylvains, et les peuples des provinces d'Illyrie, de Bosnie, de Valachie, Servie, Moldavie, etc.; par toutes ces contrées, les cimetières sont environnés de terreur; il y a peu de nuits où l'on ne dise que certains sépulcres ont livré passage aux morts qu'ils renfermaient. Trop souvent on viole le dernier asile des hommes; on en extrait un corps privé de vie, mais s'il a conservé apparence de vie, on lui coupe la tête, on traverse le cœur avec un pal aigu, et puis on livre le tout aux flammes; c'est le moyen d'empêcher le vampire de faire ses horribles repas.

Histoire d'un Voleur mort, racontée par le mort lui-même à ses camarades.

Je suis né vassal de l'abbaye de Grand-selve : c'est une maison de Dieu bien connue dans tout le Languedoc par sa richesse, sa sainteté, ses festins, sa magnificence. Le damp abbé mène un train de prince ; il en a les revenus et le pouvoir. On le vénère non moins qu'on le redoute, car il peut payer des soldoyers et anathématiser les sacriléges qui oseraient le mettre à contribution. Les vassaux de Grandselve vivent en paix sous la protection de l'église, qui demeure toujours calme chez elle, bien que, dehors, elle guerroie sans relâche, car il faut qu'elle ait partout la principauté, puisque Notre-Seigneur Jésus-Christ l'a établie pour dominer sur tous les royaumes de la terre.

Ce sont des vérités dont on a nourri ma jeunesse, car j'ai eu le bonheur de manger le pain de notre damp abbé. Il m'avait pris en amitié dès mon bas âge. Ce saint homme protégeait mes parents de longue main et avait marié ma chaste mère au bûcheron mon père. Ma mère aussi allait souvent à Grandselve chercher de bons avis qu'elle mettait en œuvre, de manière à gouverner la maison; elle en rapportait toujours de bonnes choses, des provisions de bouche ou de ménage, des écus d'or et plus souvent des sols tholosains d'argent. Ces avantages la rendaient fière; aussi les commères du lieu la détestaient et lui faisaient de belles révérences ni plus ni moins que les pieux mêmes les faisaient au damp abbé.

Dès que je pus me tenir sur mes pieds, on m'introduisit dans le monastère, d'abord comme enfant auquel on s'intéresse et puis on me vêtit d'une robe toute rouge. Oh! que je la trouvai magnifique, et que pour l'endosser je respectai peu mes longs cheveux noirs qu'on rasa et qui furent remplacés par une calotte rouge comme la robe!

C'était là mon vêtement de tous les jours, et aux heures canoniales on jetait, par dessus ma soutane boutonnée jusqu'au menton, une aube blanche fine et ornée de dentelle, quand venaient les dimanches et les bonnes fêtes de l'année; j'étais un acolyte, un thuriféraire; on me laissait entrevoir que, l'âge venu, on ferait de moi un novice et puis un moine. Je me fis voleur; c'était quitter une carrière de repos et de bombance pour une d'agitation et souvent de famine. Tous les temps ne sont point bons pour les voleurs : ils ont souvent des semaines bien pénibles, de rudes combats à soutenir, et à la fin la corde ou la roue. Qu'y faire? on va dans ce monde ainsi qu'on le peut, et comme, en résultat, il faut arriver où nous sommes, la façon d'y descendre est assez indifférente lorsqu'on y est descendu.

Moine, j'aurais vécu sans souci, sans chagrin, sans plaisir peut-être; j'aurais, au bout de soixante ans, recommencé le même emploi de chaque jour, revu le même cloître, la même église, le même réfectoire ; me serais couché, levé sans différence d'une minute ; aurais porté le même habit, chanté les mêmes psaumes, recommencé la même procession ; et le soleil et la campagne, rien n'aurait varié pour moi. Autant vaut être l'horloge à laquelle le moine obéit plus qu'au damp abbé, parce que l'aiguille commande dans sa course régulière, tandis que le moine dans la sienne obéit toujours.

Voleur, j'étais libre..., libre.... A Grandselve, terre d'église, on a quelquefois entendu parler de la liberté, on se dit : Où est-elle? et autour de soi on ne la distingue que parmi les voleurs. Je tenais à être libre ; or, je me fis voleur. L'homme d'armes ne l'est pas encore, moins le serf du baronnage ; les bourgeois croient l'être, mais n'est pas bourgeois qui veut : j'avais seulement des épaules larges, des bras musculeux, des mains de fer, un jarret infatigable; j'étais leste à la course, dur au mal, sans souci; je ne manquais pas de courage. J'aurais été un méchant moine, je devins un voleur renommé, non pas tout d'un coup; voici comment advint la chose, vous la saurez s'il vous plaît de m'écouter : or le voleur continua.

Je venais d'atteindre ma quinzième année; j'étais dans la chambre du damp abbé, travaillant à copier un antiphonaire; j'en bâillais, mais c'était mon devoir; la journée était radieuse; il y avait dans le ciel des vapeus brillantes chaudement colorées, et des contrastes admirables avec le vert de la pelouse si tendre et si bien diaprée de fleurs joliettes, mignardes et parfumées, et avec celui plus sombre de la vaste forêt de Grandselve, que j'en étais comme extasié; lorsque, levant les yeux de dessus le parchemin que je couvrais de lettres d'argent ou d'or, je contemplai la nature dans sa magnificence; il y avait en moi des serrements de cœur, des étouffements involontaires; j'avais peine à dérober mes larmes.

Je n'étais pas à ma place, la mienne me semblait dans la vallée à y garder les troupeaux sur la colline, à poursuivre les loups dans les taillis avec une jeune fille. Vrai, je me déplaisais au couvent... En sortir, c'était impossible : où ne m'aurait atteint le puissant abbé de Grandselve?... Il fallait donc ronger mon frein, végéter en moine... Boire, manger, réciter l'office, dormir, était-ce là vivre? je le demande à ceux qui ont vécu...

J'écrivais donc de mon mieux et à mon grand chagrin, lorsque des pas précipités se firent entendre; une cloche sonna et le frère cellerier du couvent arriva tout essoufflé.

« Père révérend, dit-il, un fléau nous frappe; le brigand Joachim le *mal-pendu* s'est placé sur la route de Tholose, et avec ses compagnons non moins scélérats que lui il intercepte la communication, empêche les pélerins de venir nous visiter et annonce le projet de lever des contributions sur notre maison sainte et pauvre.

— Et ce malfaiteur n'est pas rudement poursuivi! s'écria l'abbé dans tout l'élan d'une colère monastique; où est la foi, la charité? Le sénéchal de Tholose se tient tranquille et le Parlement ne donne pas arrêts sur arrêts contre cet ennemi des hommes et de Dieu!

— J'ignore, répondit le cellerier, ce que feront ces seigneurs; mais, en attendant qu'ils agissent, Joachim *le mal-pendu* erre dans la contrée et nous rançonnera.

— Il faut écrire, repartit l'abbé en se levant, aux Montalbanais, à ceux de la vicomté de Lomagne, aux bourgeois de Grenade nos chers amis, à ceux de Verdun, de Castel-Sarrasin, de Moissac, et à toute la gentilhommerie de Gascogne.

— Et ils viendront lorsque nous serons pillés. »

Le saint abbé n'en pouvait plus, il manquait d'audace, d'énergie et de capacité ; un digne prêtre enfin, incapable par soi-même d'égorger un daim, et qui, pour l'intérêt de son monastère, aurait tout armé de Montpellier à Bordeaux.

Tandis qu'il causait avec son favori (car le cellerier possédait toute sa confiance), voici que le démon vint à moi et me tenta. Il est certain qu'une voix me dit à l'oreille, et ses sons vibrèrent dans mon cœur, qu'il valait mieux faire peur, à l'exemple de Joachim *le mal-pendu*, que d'avoir peur, ainsi que mon vénérable maître. Cette voix ne s'arrêta pas là, elle ajouta tout ce qui pouvait exciter ma curiosité et me porter à saisir des occasions de me rapprocher du bon voleur. Je ne dormis pas de toute cette nuit, tant je pensai à cet homme terrible : il m'apparaissait et m'enlevait dans ses bras, ou bien il m'appelait, et, pour lui obéir, j'escaladais les murs du monastère, et puis je courais à sa suite dans les vastes forêts, dans les campagnes; je prenais part à ses pillages, à ses combats, à ses débauches; je me rendais son émule; je souffrais, sans doute, mais j'étais heureux, j'avais ma liberté.

La cloche des matines me retira de ce cauchemar agréable, je me vêtis lentement, je fus tristement à l'office. Mes regards étaient attachés sans cesse vers une croisée basse de l'église; je m'imaginais la voir tout à coup enfoncée, et Joachim *le mal-pendu* s'élancer par l'ouverture, avec le reste de sa troupe. Joachim *le mal-pendu* n'arriva point par cette issue. Vers le matin, à nones, lorsque je faisais mon service non plus de simple enfant de chœur, mais d'acolyte, je vis, parmi les fidèles qui y assistaient, un homme de haute stature, vêtu simplement, le corps enveloppé d'une longue cape de laine blanche telle que nos montagnards la portent, soit dans les gorges onduleuses des Corbières, soit sur les pentes fertiles de la montagne Noire, ou dans les vallées alpines des Pyrénées. Un bonnet de laine rouge, dont la pointe recourbée pendait sur l'oreille gauche, couvrait sa tête lorsqu'il avait pénétré dans l'église ; maintenant il le tenait à la main, et l'autre s'appuyait sur un fort bâton de houx vert : je crus apercevoir, lorsque sa mante s'entr'ouvrit, une épée courte et massive attachée à un ceinturon de cuir.

Cet homme, au menton couvert d'une barbe noire et fournie, à la chevelure d'une couleur encore plus sombre, épaisse, hérissée et malpropre, avait un front large et osseux, des yeux petits et flamboyants sous des sourcils énormes et rudes ; des couleurs vineuses couvraient ses joues sèches, et sa bouche livide contrastait avec le rouge éclatant de son nez de faucon : tout son ensemble était extraordinaire. Ce ne pouvait être un serf, un vassal, ni même un bourgeois. Qui était-ce ? j'avais bonne envie de le savoir et je le regardais... Je le regardais... Lui, à son tour, porta ses yeux de mon côté une fois, deux, trois...; il les portait ailleurs, puis revenait à m'examiner encore. Je ne m'attachais qu'à son manége, je n'étais plus à mon devoir ; je le reconnus, et voici qu'il me survint une pensée...: Si c'était le diable... J'en eus peur... Puis, toujours poursuivi par ma chimère : Et si c'était, me dis-je, Joachim *le mal-pendu*...

Je me mis à frémir..., et lui s'arrêta à me

sourire. Oh! pour le coup, je fus fasciné; cela devait être, car il portait toujours dans sa poche une *main de gloire*, et une corde qui servait au bourreau... Il me sourit de nouveau...; je lui souris aussi; je crois que, s'il s'était poignardé, je l'aurais imité en me servant de sa dague. Quand il vit que j'accueillais ses avances, il posa un doigt sur sa bouche et me montra la porte du cloître; je compris qu'en me recommandant le silence il me donnait un rendez-vous.

Ceci me transporta dans un monde nouveau..: moi adolescent, je comptais déjà qu'on avait un secret à me confier, une révélation à me faire.

« Diable ou voleur, m'écriai-je mentalement, je saurai ce qu'il me veut, et peut-être nous accommoderons-nous ensemble. »

Cette résolution, qui ne repoussait ni le maudit ni le vice, amena ma perdition : je dépéchai nones pour ma part, aussi lestement qu'il me fut possible. La messe qui suivit me parut longue. Oh! comme nous autres enfants d'Adam avons hâte de courir au malheur! on dirait que nous devons le passer en gracieusetés et en festins. Après le dernier évangile et la procession rentrée dans la sacristie, je me déshabillai de mon costume de l'autel, et, le corps serré dans une soutane noire et le bonnet monacal sur le front, je me glissai vers le cloître presque toujours désert à cette heure où les religieux prenaient leur repas. Mon œil furtif chercha l'inconnu, je ne tardai pas à le voir marcher à moi avec un aplomb, une fermeté qui m'inspirèrent une haute idée de sa personne.

Dirai-je que j'examinai son pied qui, bien que plat et large, n'avait rien de difforme ou d'infernal, et, rassuré sur ce point, je me laissai aller à l'insouciance de mon âge. L'inconnu, cependant, me touchait presque ; je contemplais encore la fierté de sa tournure, la vivacité de ses gestes, l'expression menaçante de son regard.

« Es-tu moine, moinillon? » me dit-il.

« Je suis..., je vais être novice, » répondis-je ; et je rougis.

« Novice ! reprit-il avec une aigre malice ; te convient-il, grand, fort, aux membres musculeux, de te vouer à cette vie de mollesse et de niaiserie? Tu m'as plu tantôt lorsque je t'ai vu dans l'église ; ton insistance à me regarder m'avait fait espérer... Mais tu vas être novice. »

Et il haussa les épaules, et il ricana malignement.

« Je ne le suis pas encore, répliquai-je ; mais si je quitte le monastère, il me faudra devenir serf, et Dieu me soit en aide ! j'aime mieux être frère qu'homme-lige.

— Sois homme libre, tu peux l'être. »

Ce mot *libre* chatouilla mon oreille, je soupirai.

« Qui l'est? » repartis-je ; et j'enfilai la kyrielle de tous ceux aptes à porter des fers, elle fut longue : l'inconnu l'écouta avec la patience d'un capucin; puis il répliqua froidement :

« Tout cela est vrai, l'esclavage règne dans les bordes (les métairies), dans les hameaux, dans les villages, dans les bourgs, dans les villes, dans les cités; et pourtant en dehors de ces murailles il y a un homme libre.

— Qui? » demandai-je.

« Le voleur.

— Ah ! m'écriai-je en tressaillant, vous êtes Joachim *le mal-pendu!*

— Prêt à te tordre le cou, mon drôle, dit-il en baissant la voix, et à t'envoyer rejoindre ton aïeul au cimetière, pour peu qu'il te prenne la fantaisie de me trahir.

— Je ne l'ai pas, je doute qu'elle vienne, » répondis-je en le regardant avec autant de hardiesse que de sincérité.

Joachim m'a répété souvent dans la suite que j'avais achevé de faire sa conquête par ma réplique, et plus encore par le jeu de ma physionomie ; il me dit dans ce moment-là :

« Ne préfères-tu point courir avec moi le monde que de patenôtrer dans cette maison?

— Ma foi, je me donnerais au diable s'il voulait me faire voir du pays.

— Tu pourras un peu plus tard faire affaire avec lui ; aujourd'hui passe un acte avec Joachim *le mal-pendu.*

— Voilà ma main, capitaine.

— Camarade, voici la mienne : tu comptes,

dès ce moment, dans ma compagnie; mais comment nous paieras-tu ta bienvenue?

— Hélas! repartis-je, j'ai un sol blanc dans mon aumônière?

— Oh! il y a mieux que cela dans la caisse du révérend père procureur!

— Je ne l'ai jamais vue.

— Tu sais du moins où elle est placée?

— Dans une salle dont les fenêtres donnent sur le préau.

— Quelles portes, quels passages y conduisent?

— Il faut être de la maison pour s'en démêler.

— Tu en es toi?

— Et depuis mon enfance, j'en mange le pain.

— Voici une belle occasion de t'élever d'abord parmi nous, s'il est vrai que tu veuilles nous suivre,» dit Joachim *le mal-*

pendu en posant sur mon épaule sa large et lourde main.

Ceci me fit réfléchir un moment. Je voulais bien aller courir les aventures ; mais il m'en coûtait de commencer par voler mes bienfaiteurs. Je le dis naïvement au voleur, et il se moqua de mes scrupules, affirma que l'argent des moines appartenait à tout le monde ; que d'ailleurs, pour quelques écus au *soleil* au *mouton*, pour quelques pièces *melgoriennes* dont nous les débarrasserions, la piété des fidèles leur en rendrait des milliers ; que d'ailleurs je ne pouvais convenir à mes nouveaux frères qu'en leur rapportant la dépouille des anciens. Le voleur n'eut pas besoin de faire de grands frais d'éloquence pour me persuader. Je topai bientôt à ses propositions. Il fut décidé que, la nuit prochaine venue, je me tiendrais dans le préau au moment du lever de la lune ; que là je recevrais les voleurs qui auraient escaladé la muraille construite du côté de la campagne et que je les guiderais vers la salle du trésor abbatial.

La chose conclue, nous nous séparâmes. Avouerai-je que je passai sans remords, sans inquiétude le reste de la journée? Une seule pensée m'occupait, celle que désormais je ne serais jamais ni serf, ni moine, mais homme libre et honnête voleur dans la plaine et sur la montagne. Je ne me rappelai ni ma famille, ni les bontés de l'abbé à mon égard; je ne songeai qu'aux railleries, qu'aux malices qu'en arrière de moi, les religieux faisaient de ma personne : ils me nommaient *l'enfant de l'abbé, le fils du suppléant de mon père,* etc.; et, par la mort et passion de Satan, c'était insulte qu'il fallait leur faire payer.

Le moment arriva; je descendis dans le

préau, la lune parut au bout de l'horizon et du côté d'où vient la Garonne. En même temps huit des camarades de Joachim le *malpendu* montrèrent leur tête au sommet de la muraille, jetèrent de mon côté leur échelle de corde descendirent avec non moins de légèreté que de hardiesse et, me trouvant exact au rendez-vous, m'invitèrent à les diriger vers le lieu où était le trésor de la sainte église. Tous les moines dormaient, il n'y avait pas à craindre d'en rencontrer quelqu'un à cette heure; nous franchîmes les corridors, les escaliers, les salles; les portes fermées furent crochetées adroitement. Nous parvînmes à celle objet du but de cette expédition. Il fallait voir la joie des bons voleurs lorsqu'ils avisèrent les sacs remplis de monnaie blanche et le coffre de fer où étaient les écus d'or; ils eurent bientôt tout enlevé, et ceci fait, nous partîmes tous ensemble.

Il est certain que, lorsque j'eus sauté à mon tour au bas de la muraille et que je me vis dans les champs, ma respiration fut moins gênée. Je trouvai à l'air une douceur, une pureté qui m'étaient inconnues jusqu'à cette heure, et je les savourai délicieusement ; cela provenait de ce que j'étais libre, et désormais la mort m'eût été préférable à la reprise de mes chaînes qui me devenaient en horreur. Je fus accueilli avec joie par notre chef, et sa troupe me montra de la considération, d'abord à cause de la grosse aubaine dont j'avais payé ma bienvenue, et ensuite parce que, malgré ma jeunesse, je fis preuve de vigueur et d'adresse; je crois avoir dit que je possédais une force corporelle peu commune ; on apprécia dignement cette qualité.

Nous venions de faire un coup trop hardi pour n'avoir pas à redouter la vengeance des moines du couvent de Grandselve. Aussi

Joachim le *mal-pendu*, dont la prudence égalait le courage et la dextérité, jugea convenable de s'éloigner rapidement de cette contrée et d'aller si loin, que notre trace fut perdue. Nous marchâmes donc vers la Garonne à pas précipités, la traversâmes en face de Grisolles, tirâmes droit vers Frontón et Villemur, et longeant le Tarn, allâmes, à travers l'Albigeois et le pays Castrau, prendre position au centre de la montagne Noire, puis nous fuîmes vers les Cévennes, et ayant exploré le Vivarais, occupâmes pendant quelque temps la contrée située à la rive droite du Rhône. C'était si loin, si loin de Grandselve, que je n'en ai plus entendu parler durant ma vie mortelle; mais en revanche, depuis que je suis ici à attendre l'appel du dernier jugement, il m'est revenu que j'aurai à rendre compte de ce grand sacrilége, et ce compte franchement m'embarrassera.

J'étais voleur, c'est une belle et charmante vie. Figurez-vous qu'on fait tout à sa guise, qu'on ne dépend de personne, pas même du capitaine, hors le moment du coup de main; mais, dès le pillage commencé ou le combat fini, chacun rentre dans son indépendance, mange, digère, boit, s'enivre, joue, gagne, perd, fait l'amour ou autre chose, tue à plaisir, sans tracas, sans souci, sans règle, sans aucune retenue. Ah! l'excellente chose! j'y reviendrais si je retournais sur la terre, bien qu'on ait en perspective la roue ou la potence là haut, et les flammes de l'enfer ici bas. Que d'amusements j'ai pris! que de bourgeois j'ai assommés, mutilés, échauffés, rôtis même! que de maisons incendiées là tant seulement pour nous dégourdir pendant l'hiver! Oh! comme il est doux, pendant une nuit noire, de pénétrer, par force ou par ruse, dans une *borde* riche ou dans un noble château, ou mieux encore dans le manoir d'un vilain marchand, de l'entendre hurler, lui et sa famille, pendant qu'on lui dérobe tout ce qu'il possède, qu'on viole ses filles devant lui et qu'on égorge tout le reste! Oh! les plaisantes grimaces que fait cette canaille! comme elle pleure, prie, supplie! et les coups qu'on lui donne, les blessures qu'on lui fait, le bien qu'on lui enlève; jamais je ne rendrai tout le contentement que cela procure; et puis les attaques au coin d'un bois, à main armée, le choc des combattants, les cris de guerre, les plaintes de ceux qui tombent, les chants de victoire et le butin dont le prix est doublé par le péril qu'on a couru pour l'obtenir; tout cela fait venir l'eau à la bouche, et je m'étonne que tout le monde ne se fasse pas voleur, quand il y a de pareilles jouissances dans ce noble métier.

Ici, le narrateur s'arrêta un instant dans la plénitude de sa satisfaction. Les autres trépassés écoutaient avec une attention extrême. Cet homme mort avait ouvert un nouveau monde à leurs yeux, ils se demandaient néanmoins quel genre de volupté on trouvait à mal faire, et ceux qui avaient commis des forfaits, sans doute plus énormes, n'étaient pas les derniers à s'adresser réciproquement cette question.

Le narrateur poursuivit : Je demeurai plusieurs années en la plaisante compagnie de Joachim le *mal-pendu*, ainsi nommé de ce que, dans sa jeunesse, ayant été attaché par le bourreau à la potence, la corde qu'on n'avait pas prise neuve, par méprise du gars, se rompit, et Joachim, dès qu'il eut touché le sol, partit avec une telle vitesse, que les flèches qu'on lança après lui ne le devancèrent pas. Il conserva depuis lors le tortillon de chanvre qui lui avait sauvé la vie, et le portait en guise de ceinture sur sa peau ; il nous disait qu'il l'estimait plus que si elle eût été dorée, comme celles que portent les filles folles de leur corps, qui habitent le *Château-Vert*, auprès Montardy, dans la ville de Tholose la Sainte.

Mais tout a une fin, et Joachim *le mal-pendu* ne put échapper à la croix de l'apôtre. On le roua un beau matin, après l'avoir enlevé au milieu de nous par surprise ; nous le pleurâmes, et puis nous nous battîmes entre nous, pour savoir qui le remplacerait. Je tuai pour ma part quatre de mes camarades ; ce qui me mit en telle estime parmi les autres, que tous me proclamèrent chef. J'eus l'honneur de commander à des braves, et je me trouvai bien de ma nouvelle position ; j'avais alors vingt-huit ans. Nous travaillions alors sur la route de Montpellier à Narbonne, à la descente de Nissan, dans un lieu où il est impossible que les voyageurs s'échappent.

Il m'arrivait parfois d'aller seul à la découverte. Un jour que la chaleur dévorante triomphait de ma vigueur, je me couchai sous des oliviers, sur le penchant d'une colline, ayant à peu de distance une fontaine naturelle qui sortait d'un rocher et allait arroser une prairie voisine : la fatigue ne tarda pas à m'endormir, je prolongeai ce sommeil pendant le reste du jour; et, lorsque mes yeux s'ouvrirent, le soleil, à son déclin, descendait déjà sur la cime du Pic-de-Nore, qui, comme vous le savez, est peut-être le point le plus élevé des montagnes Noires. La faim, en même temps, s'empara de moi; j'avais des provisions dans mon bissac, ma gourde était remplie, et je quittai l'olivier pour me rapprocher de la fontaine.

J'y arrivai en même temps qu'une fille

aussi jeune que jolie, vêtue d'une cotte rouge, d'un jupon rouge et d'une belle coiffe blanche avec de la gaze blonde tout autour; mais que ses traits avaient de douceur, ses yeux noirs de vivacité et sa taille de souplesse! Mon cœur battit à sa vue, et elle se mit à rougir. Mon costume n'annonçait pas un serf; je ne portais ni collier de cuivre, ni couleur blasonnée : on reconnaissait que je n'avais de maître que ma volonté; j'étais de haute taille; j'avais des traits fortement modelés, de l'audace dans le regard, de la vivacité dans mes gestes; et ma parole était haute et brève, comme celle de quelqu'un qui commande, et on devine cela aussi bien à la campagne qu'à la ville.

La jeune fille rougit; son sein s'agita; elle eut peur peut-être de moi, à qui elle faisait plaisir; je me hâtai de la rassurer, soit en lui parlant, soit avec autant de mignardise dont j'étais capable, soit en tempérant l'impétuosité de mon regard : j'y réussis; elle m'examina avec moins d'inquiétude; je lui dis, pour achever de la tranquilliser, que j'étais un riche vavasseur de Narbonne, en tournée de chasse et de visite chez des nobles du pays, dont je savais les noms, et lui demandai qui elle était : elle ne m'en fit pas un mystère; je sus que la belle fille se nommait Annette; que son père, vassal du seigneur de Nissan, avait une certaine aisance; qu'elle habitait en ce moment auprès d'une tante, dont la maisonnette s'élevait au revers de la colline; et que, soir et matin, elle venait à la fontaine emplir sa *dourno* (sa cruche).

La conversation continua : Annette me paraissait plus aimable que toutes les femmes dont jusqu'alors je m'étais approché : mon heure d'aimer était peut-être venue. Je me mis donc à aimer la jeune fille, et j'y trouvai un goût infini. Ma bande campait aux environs; elle était la terreur de la contrée. Annette m'en parlait souvent; car, chaque jour, aux heures où la paysanne venait à la fontaine, je m'y rendais exactement. L'amour est une chose étrange; il nous domine, on ne sait pourquoi; j'éprouvais auprès d'Annette des sensations que, jusque-là, je n'avais point connues : la plus bizarre, sans doute, était le respect involontaire que je portais à cette douce créature; je ne lui aurais pas fait violence quand même je n'aurais pu la posséder que par ce moyen.

Elle, de son côté, ne me cachait pas son contentement naïf : elle manquait de finesse, de coquetterie, ainsi qu'en ont tant les Nimoises, les Arletinques, les Montpelliaises, et celles de Metz et Pézénas : sa tendresse naissante éclatait dans sa sincérité; que j'étais un heureux voleur !

Il se passait d'étranges choses dans ma tête; la fantaisie me venait parfois d'abandonner le métier, de me marier avec Annette et d'aller m'établir à Aix ou à Marseille : c'eût été folie complète; mais est-on à la fois raisonnable et amoureux. J'aimais avec réserve, cela m'étonnait. Il y avait un mois que, chaque jour, nous nous retrouvions avec Annette. Un matin, j'arrivai à la fontaine à l'heure convenue, et je ne la rencontrai pas; il survenait parfois des occupations à Annette qui la privaient de venir me trouver; je retournai le même soir au lieu ordinaire de nos entrevues, et la jeune fille ne s'y montra pas davantage.

Que lui était-il avenu? Je me sentais disposé à pousser ma course jusqu'à la demeure de sa tante; mais mon devoir de bon voleur ne me le permit pas : nous avions, cette nuit-là, un coup de main à faire chez un riche manant qui avait touché une forte somme, dès la veille, à la foire de Narbonne, somme dont je voulais le débarrasser. Mes camarades m'attendaient déjà dans un bois prochain, et il ne me convenait pas de m'attarder par trop ; j'allai les rejoindre, chagrin pourtant de n'avoir pas vu ma maîtresse ; je me promis de m'en dédommager le lendemain.

Nous nous réunîmes au nombre de vingt compagnons, je décidai que dix attaqueraient le Mas (maison des champs), et que dix autres, dont je dirigerais les mouvements, couvriraient l'opération du côté d'un village voisin à celui de Servian, d'où l'on pouvait apporter du secours. Les précautions ainsi arrêtées et l'ordre établi, chacun alla gaîment à sa besogne. Je pris le chemin du monticule d'où, malgré l'obscurité, je pouvais apercevoir venir ceux qui arriveraient du côté de Servian.

Il y avait une heure environ que j'étais à faire ainsi le guet, lorsqu'une lueur pointa du côté du Mas; bientôt il s'en éleva une longue flamme que d'autres suivirent : je reconnus que mes gens avaient mis le feu, le vol fait, ou par plaisir ou par vengeance.

Bon, me dis-je, ils vont me rejoindre! Je sifflai doucement : ceux en sentinelle, ceux aux alentours se réunirent à moi, et tous partagèrent mon contentement. Bientôt, en effet, nous vîmes accourir cinq ou six des nôtres chargés comme des mules, tant il y avait eu de butin.

« Capitaine, me dit l'un d'entre eux, la fête sera complète; nous avons pris tout ce qui avait de la valeur, avons égorgé les gens et les bêtes, et puis allumé la paille, afin que les rats n'eussent pas à se plaindre de notre oubli. »

Je trouvai le propos gai, il me fit rire.
« Où sont les autres? » demandai-je.

« Ils sont retardés parce qu'ils amènent, me fut il répondu, la meilleure pièce de l'affaire ; une jeune fille jolie à miracle que nous avons tous épousée, et qu'on veut faire épouser au reste de la troupe, avant de l'envoyer rejoindre le reste de sa famille.

Alors je pensai à ma chère Annette, et fus heureux de la certitude que j'aurais de la revoir le lendemain. Nos derniers camarades nous rejoignirent sur la lisière d'un bois où nous comptions passer le reste de la nuit et le jour suivant ; ils portaient des vivres, et l'un d'eux avait sur ses épaules une créature humaine complétement évanouie ; je n'y regardai seulement pas. On s'enfonça dans le taillis ; on marcha encore pendant environ une heure ; enfin nous atteignîmes des ruines d'un vieux prieuré, où nous nous étions déjà cachés à diverses reprises. Deux des nôtres, qui nous avaient précédés, nous reçurent avec un brasier allumé et des viandes déjà à la broche; le foyer jetait une clarté brillante, chacun se déchargea de son fardeau.

« Qui veut le mien? » s'écria celui qui portait la jeune fille.

« Donne-le au capitaine, » dirent en même temps trois ou quatre voleurs.

Et moi, pour leur faire plaisir, bien qu'au fond la chose me fût indifférente, je m'avançai, le visage épanoui, les bras ouverts; on y jeta la créature.

« Est-elle donc jolie? » demandai-je... Alors je la regardai... C'était Annette... Annette, en même temps, ouvrit les yeux, me reconnut, poussa un cri, retomba dans l'anéantissement dont elle venait d'être tirée pour son malheur et pour le mien; quelque mouvement extraordinaire contracta ma figure; car plus d'un, parmi ceux qui étaient là, me demanda aussitôt si je me sentais malade. Je ne répondis pas d'abord, puis je tirai ma dague et l'enfonçai jusqu'à la poignée dans le cœur d'Annette; elle mourut sans s'en douter, et, j'espère, sans souffrir.

Mes hommes, surpris de mon action, suspendirent leurs occupations diverses et se rangèrent en cercle autour de moi. Un d'eux, plus familier, me dit :

« Tu t'es bien pressé, capitaine; et nous donc qui n'avons pas été à la pillée? »

Je répondis tranquillement : « C'était ma maîtresse, c'était ma fiancée.

— A la bonne heure. »

Un murmure de voix s'éleva en même temps; les dix, qui m'avaient déjà aperçu, comprirent ce qui allait s'ensuivre, et déjà ils couraient à leurs armes, dont ils venaient de se débarrasser, tandis que moi, qui ne me dessaisissais jamais des miennes, je tombai sur eux à coups de sabre : ce fut un rude combat; il y en eut qui se rangèrent de mon côté. La mêlée durait encore, lorsque nous vîmes, aux portes du prieuré, une multitude de villageois avec une compagnie de hallebardiers qui venaient à notre poursuite. Il fallut en découdre et faire face à tant d'ennemis. Ceux-ci nous avaient enveloppés; l'attaque fut violente; nous y sucombâmes tous : on fit de nous un carnage complet; et les assaillants ne se retirèrent que lorsque chacun de nous eut rendu le dernier soupir. Quand je revins à moi, je ressentis une fraîcheur excessive, mes yeux s'ouvrirent lentement à l'entour de moi, bien que j'éprouvasse des douleurs tellement aiguës qu'il me semblait que l'on enfonçait dans mes chairs des milliers d'épines. Je regardai donc autour de moi, et je me vis au fond d'un abîme, où l'on nous avait précipités, mes camarades et moi, tous véritablement sans vie; seul, j'avais survécu, si tant souffrir est vivre; j'étais meurtri de toutes les parties de mon corps et couvert de blessures. Je n'avais aucun soin à espérer d'une créature humaine, et je devais finir par la faim si ce n'était de..... N'importe, je vivais, et pour qui s'est cru mort vivre est tout.

Je tâchai de me soulever, cela me fut impossible, la force me manquait entièrement. Bientôt j'entendis auprès de moi un bruit léger; une haleine infecte souffla sur mon visage, et aussitôt je vis contre ma bouche la gueule sanglante d'un loup....; j'eus peur; il n'y a de courage que contre le péril que le courage peut faire éviter. Le loup m'examinait avec des yeux étincelants; ses dents blanches et aiguës craquaient les unes contre les autres, et il posa les deux pattes de devant sur ma poitrine.... Oh! que de douleur il me fit éprouver! car il les plaça sur des plaies dont il fit jaillir le sang; il avança un peu plus son museau, jusqu'à me toucher le bout du nez...Un cri horrible m'échappa, ou si étrange, si formidable, que le maître-loup fit un soubresaut en arrière et se mit à remonter rapidement le précipice : il s'était d'ailleurs complètement repu aux dépens de la chair de mes camarades.

A ce péril momentanément évité en succéda un autre : une volée de corbeaux s'abattit sur les cadavres; plusieurs voulaient que je comptasse dans le nombre : ils voltigeaient au dessus de ma tête et cherchaient à crever mes yeux. Je les épouvantai encore par mes huées. Ils s'envolèrent une fois, revinrent une seconde, je les rechassai, et ils reparurent de nouveau; un, plus hardi que les autres, se mit sur une de mes mains, je lui brisai les pattes, l'étouffai ensuite et, à grande peine, je parvins à le porter à ma bouche...

Ma foi, j'en fis un repas délicieux, il me donna de la force, j'en profitai pour essayer de me sortir de cette position incommode; enfin, en me roidissant contre des douleurs inouies, en m'aidant des coudes, des jambes et des dents, je parvins à me traîner, en deux ou trois heures de travail, vers un trou voisin qui me parut l'ouverture d'une grotte : c'en était une en effet...

Là je retombai dans un évanouissement qui me délassa : je reconnus, avec une joie indicible, lorsque j'eus repris mes sens, que la gourde qui renfermait mon vin particulier ne m'avait pas quittée; je bus une longue lampée, elle me fit du bien; mais il fallait manger...; je...; ma foi, à ma place aurait été sot qui se fût révolté à la nécessité de faire comme le loup. Mes camarades servirent à ma subsistance; ce fut un dernier secours qu'ils me rendirent; je leur en eus de la reconnaissance;

d'ailleurs cela n'était pas mauvais, le corbeau valait moins.

Ce fut encore une œuvre bien pénible que de garnir de pierres l'ouverture du trou en face duquel les loups rôdaient en hurlant dès la tombée de la nuit jusqu'à la revenue du jour. Quand celui-ci brilla, ils partirent, et il me sembla que je me trouvais mieux; enfin je demeurai là pendant environ une semaine, et alors, me croyant capable de marcher, je grimpai sur le haut de la roche, et je fus sauvé.

En même temps je vis à deux pas de moi une femme... : c'était Annette... Oui, elle-même vêtue comme à l'heure où je l'avais envoyée sans confession en l'autre monde : elle était pâle et le sang coulait avec abondance de la blessure que ma dague avait faite à son cœur... Le mien cessa presque de battre : j'étais hors de moi, je ne pus rien dire ni faire, je demeurai immobile, les cheveux hérissés, et attendant avec effroi ce qui allait advenir :

« Dieu t'a fait une grande grâce, » dit-elle; « repens-toi. »

Et je ne la revois plus. C'était une vision, un rêve peut-être, et pourtant mes yeux et mes oreilles rendaient témoignage contre mon incrédulité. Me repentir, je n'en avais aucune envie; un bon voleur ne redevient pas moine; il va, au contraire, toujours en avant.

Lorsque je fus remis de mon trouble, je tâchai de gagner la grande route; mais, avant d'y arriver, la fatigue me contraignit à me coucher sur un pré, et bientôt un vieillard à barbe blanche passa auprès de moi : il me vit barbouillé de sang séché, de terre et d'ordures, aperçut mes blessures, et s'approchant, me demanda, avec un intérêt charitable, qui m'avait accommodé ainsi.

« Hélas! brave homme, » répondis-je, « des voleurs qui, la semaine dernière, m'ont trouvé dans ces bois ici proches.

— Dieu vous en a vengé, » repartit le vieillard; « on les a surpris dans les ruines du prieuré, et tous tués jusqu'au dernier.

— Et bien on a fait! » m'écriai-je; « ils seront tous damnés...

— Ainsi soit-il! » dit le vieillard.

Le méchant, il voulait la punition de notre ame après celle de notre corps. Il me demanda d'où j'étais et où j'allais. Je lui racontai que l'abbé de Grandselve, monseigneur, m'envoyait en message vers le monasnastère de Saint-Victor, de Marseille; que maintenant je tâchais de me traîner vers Béziers ou vers Narbonne, afin de me faire traiter dans une maladrerie. Il répliqua qu'il ne me permettait point de faire une telle route dans l'état fâcheux où j'étais ; que, si je voulais arriver jusqu'à sa maisonnette, il me soignerait de son mieux. J'acceptai ; il me donna le bras, et, au détour d'un coteau qui était tout proche, nous entrâmes dans le Mas : il y avait là une famille pieuse, aimant l'ouvrage et la prière, et charmée de remplir un devoir de charité. On me coucha dans un lit, après avoir lavé mon corps et nettoyé mes plaies ; on couvrit de baume celles-ci ; je fus soigné comme le Samaritain de l'Évangile soigna le pauvre voyageur que le pharisien et le publicain avaient laissé expirant.

Mais, dès que mes hôtes se furent livrés au sommeil, je vis sortir de la cheminée une figure blanche ; elle s'approcha, s'assit sur mon lit, prit mes mains dans ses mains glacées, et ne me quitta qu'au premier chant du coq, sans m'avoir dit que ces deux mots :

Repens-toi!... C'était Annette... Oh! que je jouis quand le coq m'eut délivré de sa présence. Le jour s'écoula et les suivants aussi, sans que les soins de mes hôtes se démentissent; mais, chaque nuit et à la même heure, le fantôme d'Annette revenait me tenir une triste compagnie, et ne me disait que ces paroles amicales : *Repens-toi!.....*

Me repentir lorsque mon sang renouvelé brûlait avec plus de violence, lorsque mes muscles reprenaient leur vigueur et leur élasticité, lorsque je me sentais complètement renaître, et que mon impatience était grande de m'élancer à travers les champs pour recommencer mon existence aventurière. On se repent quand on est vieux et faible. Aussi n'est-ce pas à trente ans, et je ne les avais pas, que le diable, dit-on, se fit ermite; il en avait soixante au moins.

Je me rétablissais de plus en plus; j'essayai un matin ce que mes nerfs pourraient faire, et je ployai une barre de fer épaisse d'un pouce. Je vis avec plaisir que mon mal était passé. Le temps venait de dire adieu à mes hôtes; il m'en coûtait de les quitter en leur laissant la bourse bien garnie, car il y avait de l'or caché dans leur escarcelle, et en abandonnant une petite servante, fraîche comme une rose, élancée comme un beau roseau; je la reluquais de l'œil, et elle rôdait avec plaisir autour de moi. Je fixai enfin l'heure de ma retraite à minuit, et en la compagnie de la jeune fille que je décidai à partir avec moi.

A minuit donc je me levai de mon grabat, et allai à tâtons vers le lit où le vieillard devait être, et je fondis sur lui à coups de couteau; il ne sourcilla pas: je balançai si je n'en ferais pas autant au reste de la famille, mais je n'en avais pas besoin. Le coffre aux écus était dans cette chambre, je m'en emparai et sortis. La servante devait m'attendre hors du Mas; je tournai vers elle. Déjà elle était là, bien enveloppée de sa cape; je lui donnai la main, elle la prit et la serra dans la sienne avec une force dont je ne la croyais pas capable, et, se mettant à courir tandis qu'elle me tenait ainsi, m'entraîna, quoique je pusse faire, avec une vitesse qui m'enleva la respiration. Nous franchîmes les prairies, les champs, les bois, les coteaux, les ravins, et cela plus vite que ne s'élance le vent le plus impétueux. J'en étais confondu, hors de moi. Où allions-nous, avec qui étais-je? et les ténèbres s'épaississaient, et il me semblait ouïr des voix criardes, des hurlements surhumains, un charivari infernal.

Tout à coup la terre manqua sous mes

pieds; nous trébuchâmes dans un abîme; chaque pointe de rocher à laquelle je touchais rouvrait soudainement une de mes anciennes blessures; nous bondissions de choc en choc, et mes membres se brisaient et des douleurs atroces s'attachaient à chacune de mes fibres, et cependant celle qui serrait ma main ne me lâchait pas. Enfin la chute eut un terme; nous atteignîmes le fond du précipice, et là une lueur violâtre éclairait les objets environnants; je reconnus le lieu d'où naguère je m'étais retiré avec tant de peine, et où gisaient encore les ossements déjà blanchis de mes camarades. En même temps la cape qui couvrait la femme ma compagne tomba...: c'était Annette!... Je voulus m'écrier, la parole expira sur mes lèvres.

«Malheureux!» me dit le fantôme, «tu n'as pas écouté mes avis, tu as persisté dans ta pensée coupable, tu n'as tué cette fois que ta complice, et tu ne t'échapperas pas vivant d'ici. »

Annette disparut. Je vis à sa place les yeux flamboyants de loups affamés : ils m'environnaient.... Une troupe de ces bêtes voraces s'avança vers moi, prit une de mes jambes, une autre prit mes bras : il y en avait une qui commença son festin par déchirer ma figure, mes joues, mon nez; chacun de ces loups me dévora, non avec avidité, mais lentement. J'eus l'horrible loisir d'éprouver des tortures inconcevables, de me sentir mourir mille fois. Enfin, et à l'instant où l'ame échappait à ces restes déchiquetés, je vis Annette; elle montait au ciel : je pris un élan de rage pour courir après elle....; un coup de croc me retint; les loups étaient devenus des démons hideux, qui se rejetaient mon ame, qui la ballottaient en faisant des grimaces à donner la mort à celui qui n'en serait pas atteint encore. Je sentis des griffes ardentes déchirer cette ame qui me quittait, et le corps dont chaque lambeau existait séparément pour éprouver mille milliers de douleurs atroces. Cela dura longtemps ; puis une voix cria : « *Qu'il attende le feu !* »

Alors je me trouvai en esprit errant sur mes os, et saisi d'une haine invincible pour la clarté du soleil, j'allai me cacher au plus obscur de la caverne, qui déjà m'avait servi d'asile; j'y souffris jusqu'à minuit, que je me rapprochai de ma carcasse brisée. Un instinct me porta à la réunir, je la dressai sur ses pieds, et à peine la besogne fut faite, que je me trouvai au centre d'un cercle formé par ceux de mes camarades; nous gambadâmes pendant une heure en dansant le branle des morts.

Le voleur s'arrêta, et pour cette fois il avait complété son récit.

Une Aventure de garnison.

Le comte de Laroche-Lambert, officier supérieur dans les gendarmes de la Maison-Rouge, était en garnison à Lunéville. Il avait soupé chez le marquis du Châtelet, et rentrait à son logis un peu après minuit : comme il passait à côté d'une église, il vit, le long de la muraille, une dame seule qui, à la clarté de la lune, lui parut jeune et jolie. Elle allait et venait comme si elle eût été embarrassée pour trouver son chemin. Le comte de Laroche-Lambert était trop galant pour ne pas venir à son aide : il s'approcha d'elle, et lui demanda où elle allait ainsi. La dame, avec un doux son de voix, lui répondit qu'elle ne savait pas où était une rue qu'elle indiqua : l'officier sollicita la permission de l'y conduire, et en même temps elle fut

rejointe par une espèce de femme de chambre
qu'elle avait également envoyée à la découverte, et qui revenait sans avoir rencontré
qui que ce soit pendant le chemin. M. de
Laroche-Lambert poussa ses affaires et obtint
de la dame qu'elle le laisserait monter en récompense de ses soins; la chose eut lieu fidèlement : il arriva dans un appartement bien
meublé, éclairé de trois bougies posées
chacune sur un meuble différent. Au milieu
de la pièce, M. de Laroche-Lambert aperçut
un coffre de près de six pieds de long, recouvert d'un drap et d'une forme toute particulière : cela ressemblait comme deux gouttes
d'eau à un cercueil; il en fut saisi, et comme
la dame ne lui en fit aucune excuse et parut
même ne pas s'en apercevoir, il jugea convenable de ne rien dire. La femme de
chambre disparut, le marquis devint pressant; la dame était tendre et faible, l'heure

était indue, elle eut peur de faire jaser les voisins : il fut décidé qu'il ne sortirait qu'au grand jour. Il y avait là un lit magnifique garni de draps blancs et frais, le couple amoureux se coucha, et M. de Laroche-Lambert se crut heureux.

Comme trois heures du matin sonnaient, une porte, située en face du lit et à laquelle le comte de Laroche-Lambert n'avait pas fait attention, fut tout à coup ouverte dans ses deux battants avec un fracas inimaginable, et l'on vit s'avancer un homme âgé, d'une haute stature; son visage était pâle et d'une expression menaçante; il tenait à la main une lampe pareille à celles qui, dans les églises, sont allumées devant les autels : il l'éleva à la hauteur de sa figure, comme s'il eût voulu mieux se faire voir, et d'une voix lugubre, mais forte, il dit :

« Eh bien ! ma fille, ton étoile est-elle

heureuse? as-tu pu goûter encore ces délices dont on ne jouit plus après le trépas?

— Oui, mon père!» répliqua la jeune femme, «et je suis satisfaite...»

Ces paroles échangées, le vieillard se recule, la porte se referme et tout rentre dans le silence.

«Qu'est-ce donc que cette scène ridicule?» demanda le comte à sa compagne.

« C'est un pauvre fou,» répondit-elle, « dont il faut ménager les caprices.»

Et par de nouvelles caresses, elle détourna l'attention du marquis qui, peu à peu, tomba dans un engourdissement profond. Lorsqu'il se réveilla, la chambre était remplie d'une foule de personnes qui, toutes s'adressant à lui avec colère, lui demandèrent comment il avait pu venir se coucher dans un lieu où reposait un cadavre. Lui voulut prendre le haut ton, il se nomma : son habit déposé auprès de lui, chargé de décorations et qui portait les insignes de son grade, confirma ce qu'il disait. Ce fut à lui à interroger; on lui dit qu'une étrangère, arrivée un jour auparavant, était morte le lendemain, que son corps reposait dans la bière qu'il voyait au milieu de la chambre, et qu'on ne concevait pas comment il était venu, lui, s'y coucher aussi extraordinairement; il raconta ce qui s'était passé : on eut l'air d'en douter, et on lui dit crument qu'il s'était retiré, sans doute un peu emporté de vin, de la maison où il avait soupé; qu'ayant trouvé une porte ouverte, il était entré, et que, dans son délire bachique, il avait rêvé le reste. Lui insista sur ce qu'il était dans son bon sens, et continua à le soutenir chaque fois qu'il racontait cette histoire sinistre.

FIN DU PREMIER VOLUME.

www.ingramcontent.com/pod-product-compliance
Lightning Source LLC
Chambersburg PA
CBHW070904170426
43202CB00012B/2182